혼자서도

포토샵으

SNS
마케팅 디자인

우리는 SNS를 통해 지인들과 소통하며 서로의 근황을 알리고, 마음에 드는 콘텐츠에 댓글과 좋아요를 남깁니다. SNS는 개인 간의 소통뿐만 아니라 기업에서도 비즈니스를 위한 온라인 마케팅 창구로 다양하게 활용되고 있습니다.

이제는 많은 사람들이 SNS 콘텐츠를 소비하는 소비자이자 크리에이터의 역할을 함께하고 있습니다. 퍼스널 브랜딩, 브이로그, 제품 홍보 등 콘텐츠의 목적도 가지각색이지만 궁극적으로 '마케팅'이라는 공통된 목적을 가지고 있습니다. 많은 시간과 비용이 필요한 오프라인 마케팅에 비해 SNS를 이용한 온라인 마케팅은 디자인 감각과 디자인 툴만 있으면 누구나 시도해 볼 수 있기 때문에 아주 효율적입니다. 손쉽게 SNS 계정을 생성하고, 콘텐츠를 게시할 수 있으며 다양한 분야에서 활용할 수 있습니다. 콘텐츠에 맞는 디자인을 이용하면 브랜드의 가치를 높이고, 신뢰감을 심어주어 타깃의 관심을 유도합니다. SNS를 이용한 마케팅의 주요 목적은 콘텐츠를 매력적으로 만들어 조회수를 높이는 것입니다. 이를 가능하게 하는 것에는 콘텐츠 디자인이 중심에 있습니다.

SNS 마케팅 콘텐츠를 제작할 때에는 무료 디자인 사이트에서 템플릿을 사용해 보기도 하고, PPT를 이용해 콘텐츠를 제작하는 경우도 많습니다. 비용을 들여 전문 디자인 업체에 맡기기도 하지만 디자인에 대해 잘 알지 못한다면 커뮤니케이션 오류로 투자한 비용만큼 만족스러운 결과를 얻기 어렵습니다. 디자인 영역에 종사하지 않는 분들을 위해 편리하고 쉬운 사용법을 제공하는 좋은 툴이 많이 생기고 있지만 아직 포토샵을 대체할 만한 디자인 툴은 찾기 어렵습니다.

포토샵을 이용해 생각한 대로 직접 디자인하게 되면 나만의 개성과 브랜드 아이덴티티를 담은 만족스러운 마케팅 콘텐츠를 만들 수 있습니다. 포토샵에는 수많은 메뉴와 기능들이 있어서 아주 복잡해 보이지만, 포토샵의 기본 기능 몇 가지만 알아도 충분히 원하는 콘텐츠를 제작할 수 있습니다.

이 책은 SNS를 위한 마케팅 콘텐츠 디자인과 기본적인 포토샵 사용법에 초점을 맞추어 레이아웃과 색, 폰트 등 디자인의 특성을 쉽게 파악하여 따라 할 수 있도록 초보자를 위한 내용을 담았습니다. 효율적인 작업을 위한 동선과 필수적으로 알아야 하는 포토샵의 기능을 중심으로 포토샵이 처음인 분들도 빠르고, 쉽게 따라 할 수 있도록 구성하였습니다.

어렵게만 생각되었던 포토샵은 더 이상 디자이너만의 전유물이 아닙니다. 퍼스널 브랜딩이 필요한 개인이나 비즈니스 홍보가 필요한 사업자, 마케터 또는 디자이너를 꿈꾸는 모든 분들에게 작은 도움이 되었으면 하는 마음을 담아 글을 마칩니다.

PS. 끝으로 책을 펴낼 수 있도록 도움을 주신 시대인 출판사와 담당 편집자분들께 감사드리며 책을 집필하는 동안 관심 있게 지켜봐 주신 가족과 지인, 친구들에게 감사의 말씀을 전합니다.

이은정

이 책은 SNS 홍보 콘텐츠를 만들기 위해 꼭 필요한 포토샵의 필수 기능들을 알아보고, 실습 예제를 통해 디자인 감각을 익힐 수 있도록 구성하였습니다. 블로그, 인스타그램, 유튜브 등 여러 플랫폼에 알맞는 마케팅 디자인을 직접 실습해보며 실전 감각을 길러보세요.

핵심 기능 & 실습 예제

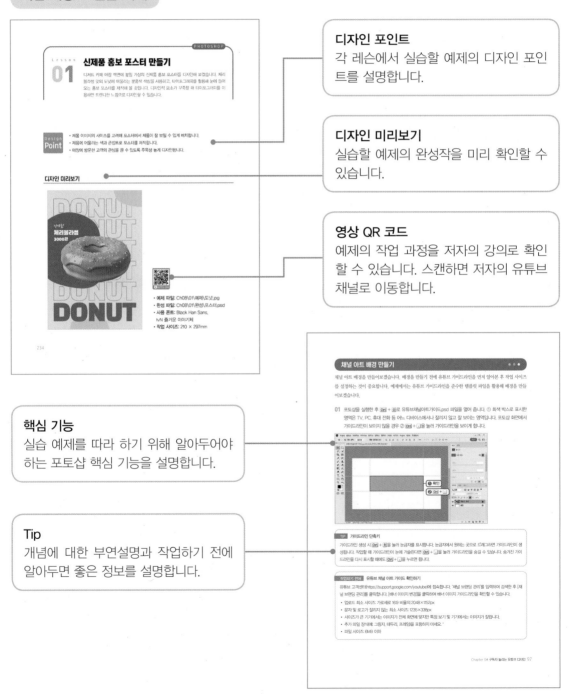

디자인 포인트
각 레슨에서 실습할 예제의 디자인 포인트를 설명합니다.

디자인 미리보기
실습할 예제의 완성작을 미리 확인할 수 있습니다.

영상 QR 코드
예제의 작업 과정을 저자의 강의로 확인할 수 있습니다. 스캔하면 저자의 유튜브 채널로 이동합니다.

핵심 기능
실습 예제를 따라 하기 위해 알아두어야 하는 포토샵 핵심 기능을 설명합니다.

Tip
개념에 대한 부연설명과 작업하기 전에 알아두면 좋은 정보를 설명합니다.

사용 버전

'포토샵 CC 2023 한글 버전'을 기준으로 작업하였습니다.
포토샵 CC 2023 버전이 아니더라도 내용을 이해하는 데 무리가 없지만, 실습을 따라하기 위해서는 2017 이상의 버전을 사용하는 것을 권장합니다.

실전 가이드 & 영상 링크

실전 가이드
당장은 몰라도 되지만, 실력 상승을 위해 알아두면 좋은 내용을 소개합니다.

친절한 설명
누구나 쉽게 따라 할 수 있도록 단계별로 차근차근 설명합니다.

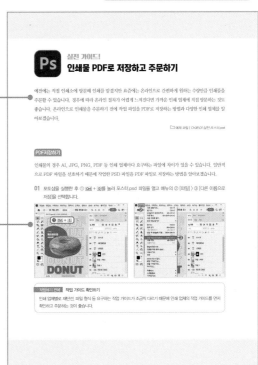

예제 파일
예제 파일을 실행하고 직접 따라 하며 기능을 익혀 보세요. 완성 파일을 함께 제공하므로, 작업을 마친 후 결과물을 비교해 볼 수 있습니다.

추가 영상 링크
예제 실습에 들어가기 전에 저자의 유튜브 영상 링크를 통해 핵심 기능을 미리 학습할 수 있습니다.

초보자를 위한 디자인 기초 다지기

포토샵 시작하기

Chapter 03 쉽게 따라 하는 포토샵 핵심 기능

Ps

Chapter 04 구독자 늘리는 유튜브 디자인

Chapter 05 SNS 카드뉴스 만들기

Chapter 06 마케팅을 위한 블로그 스킨 만들기

Chapter 07 매출이 달라지는 쇼핑몰 디자인

Ps

Chapter 08 **오프라인 마케팅 디자인**

Appendix A   **한 걸음 더**

유튜브 채널아트, 섬네일

▲ 유튜브채널아트 p.96

▲ 유튜브섬네일 p.116

인스타그램 카드뉴스

감귤농장 체험하기
저렴한 비용으로 제주 농장에서 감귤을 직접 수확하고
택배로 보낼 수도 있다.

주상절리 관광하기
육각 돌기둥 형태의 주상절리는 신비로움과 함께
이색적인 풍경을 자아낸다.

▲ 카드뉴스 p.128

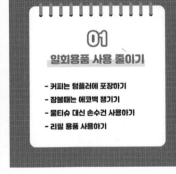

▲ 카드뉴스 p.152

네이버 블로그 스킨(PC/모바일)

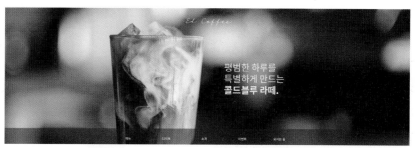

▲ PC용 블로그스킨 p.174

▲ 모바일용 블로그스킨 p.186

스마트스토어 배너, 프로모션 이미지

▲ 스마트스토어 로고 p.192

▲ 스마트스토어 배너 p.199

▲ 스마트스토어 모바일 프로모션 p.205

명함

윤로세 강사

요가앤필라테스
012345 서울시 강남구 강남대로 이레타워 101동 1001호
Tel. 010 1234 4568
Email. yrs@yoganpilates.com
Website. www.yoganpilates.com

Yoga &
Pilates

▲ 명함 p.256

스마트스토어 상세 페이지

▲ 상세이미지 GIF p.225

▲ 상세이미지 p.213

매장 홍보

▲ X배너 p.248

매장 홍보

▲ 홍보 포스터 p.234

▲ 매장 메뉴판 p.263

Ps 예제 파일 다운로드

예제 파일 다운받기

❶ 시대인 홈페이지(**https://www.edusd.co.kr/book/**)에 접속하여 로그인합니다. 회원이 아닌 경우 [회원가입]을 클릭하여 가입한 후 로그인합니다.

❷ 상단 메뉴에서 [프로그램]을 클릭하고 검색 창에서 '포토샵으로 뚝딱 만드는 SNS 마케팅 디자인'을 검색한 후 예제 파일을 다운로드 받습니다.

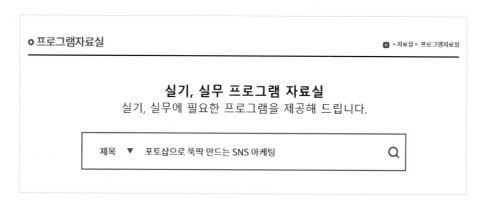

일러두기

• 이 책에서 소개하는 디자인 방법은 포토샵 업데이트 시점과 실습하는 운영체제에 따라 책에 내용과 다를 수 있습니다.

• 책 속의 예제는 저작권의 보호를 받고 있는 저작물이므로 상업적 이용을 금합니다.

• 예제 이미지의 출처

게티이미지뱅크
www.gettyimagesbank.com

Pexels
www.pexels.com

Pixabay
pixabay.com

Unsplash
unsplash.com

Chapter

01

디자인에 대한 경험이 없는 경우 이미지, 컬러, 폰트 등
의 요소를 설정하는 것이 어렵게 느껴질 수 있습니다.
회사 업무나 개인 사업 등 여러 이유로 디자인 작업을
직접 하기로 결심한 분들을 위해 디자인이 쉬워지는 몇
가지 규칙을 소개합니다. 이론적인 방법을 외우려고 하
기보다 예제를 통해 자연스럽게 익히는 것이 좋습니다.

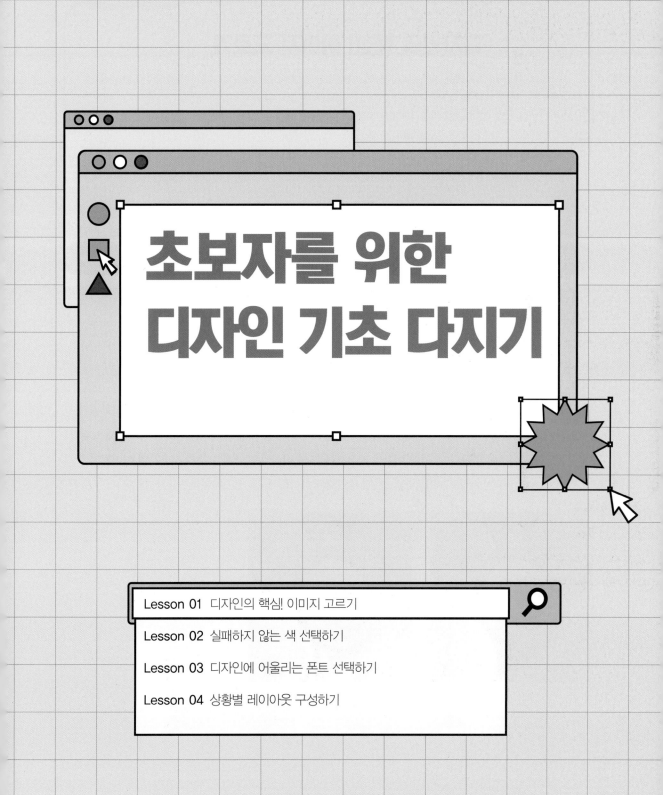

초보자를 위한 디자인 기초 다지기

01 디자인의 핵심! 이미지 고르기

이미지는 마케팅 디자인에서 빠질 수 없는 중요한 요소입니다. 이미지 없이 디자인을 할 수도 있지만 적절한 이미지가 있으면 더 쉽고 효과적으로 디자인할 수 있습니다. 하지만 이미지를 잘못 사용하면 오히려 디자인을 해칠 수 있어 디자인에 적합한 이미지를 선택하는 것이 중요합니다.

작업 사이즈에 맞는 이미지 고르기 ● ● ●

작업 캔버스 사이즈보다 작은 이미지를 강제로 늘려 배경으로 사용하면 이미지가 깨져 디자인 퀄리티를 떨어트릴 수 있기 때문에 제작하려는 작업 사이즈에 맞는 이미지를 사용하는 것이 중요합니다.

작은 이미지를 강제로 늘려서 사용할 때

인스타그램에 업로드할 카드뉴스를 제작한다고 가정해 봅시다. 현재 인스타그램 카드뉴스에 최적화된 정사각형 사이즈는 '1080×1080px'입니다. 제작할 카드뉴스에 사용할 배경 이미지는 '1080×1080px'보다 크거나 동일한 사이즈여야 합니다. 만약 이보다 작은 사이즈의 이미지를 강제로 늘려 사용하면 이미지의 품질이 떨어져 깨지거나 흐릿하게 보일 수 있으므로 주의해야 합니다.

▲ 사이즈가 적당한 이미지 사용　　　▲ 작은 사이즈의 이미지를 강제로 늘려서 사용

이미지 사이즈 확인하는 방법

디자인 작업을 하기 전 사용할 이미지의 사이즈를 확인하는 것이 중요합니다. 포토샵을 실행하지 않고 간단하게 이미지 사이즈를 확인할 수 있는 방법을 소개합니다.

01 확인할 이미지 파일에 커서를 위치한 후 마우스 오른쪽 버튼을 클릭합니다. 가장 아래 [속성]을 클릭합니다.

02 속성 창이 열리면 ① [자세히] 탭을 클릭하여 ② 이미지 사이즈를 확인할 수 있습니다.

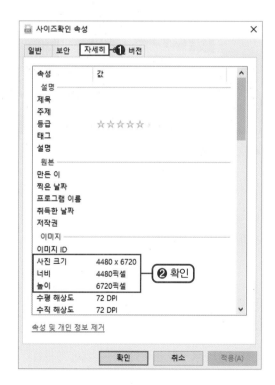

디자인에 적합한 이미지 알아보기

정보 전달 및 홍보를 목적으로 제작하는 마케팅 디자인의 경우 단순히 예쁜 이미지를 사용하는 것보다 마케팅 목적에 적합한 이미지를 사용하는 것이 중요합니다. 디자인 작업에 사용할 이미지를 선택할 때 고려해야 할 몇 가지 사항을 안내합니다.

콘텐츠와의 연관성을 고려한 이미지 사용

디자인 콘텐츠와 연관성 있는 이미지를 사용해야 디자인의 설득력을 높일 수 있습니다. 반대로 콘텐츠 내용과 무관한 이미지를 사용하면 디자인이 전달하고자 하는 메시지에 흥미와 신뢰를 잃게 됩니다. 아래 이미지를 예로 들어보겠습니다.

▲ 콘텐츠와 연관성 있는 이미지 　　　　　▲ 콘텐츠와 연관성 없는 이미지

인터넷으로 연인과 함께 떠날 제주도 여행 상품을 알아보던 중 알고리즘의 영향으로 제주도 여행을 홍보하는 광고가 노출되었습니다. 광고의 배경이 제주도가 아니라 유럽이라면 어딘가 찜찜한 이 광고를 클릭하는 사람은 없을 것입니다.

문자가 포함되지 않은 이미지 사용

디자인 콘텐츠 제작 시 배경 이미지 위에 문자를 따로 넣는 경우가 일반적입니다. 배경 이미지에 문자가 포함되어 있으면 별도로 입력하는 문자와 구분되지 않아 시선이 분산되고 가독성이 떨어질 수 있습니다. 되도록 문자가 포함되지 않은 이미지를 사용해야 가독성을 높일 수 있습니다.

▲ 문자가 포함된 이미지

▲ 문자가 포함되지 않은 이미지

위 예시 이미지를 비교해 보면 배경 이미지와 문자 영역이 분리되지 않아 가독성이 떨어지는 것을 확인할 수 있습니다.

공포감이나 혐오감이 들지 않는 이미지 사용

동일한 콘셉트의 이미지라도 보는 사람으로 하여금 공포감이나 혐오감이 들지 않도록 호감가는 이미지를 사용해야 합니다. 좋은 내용으로 기획한 콘텐츠라도 사용한 이미지가 부정적인 느낌을 준다면, 타깃층에서 선택받지 못할 확률이 높습니다.

▲ 공포감을 주는 이미지를 사용한 디자인

▲ 호감을 주는 이미지를 사용한 디자인

위 예시 이미지는 가족이 함께 참여할 수 있는 할로윈 파티의 콘텐츠 디자인입니다. 이 마케팅 디자인의 타깃은 어린 자녀를 둔 부모님입니다. 이 경우 공포감을 줄 수 있는 첫 번째 디자인보다 편안하고 친근한 느낌의 두 번째 디자인을 선호할 것입니다.

다양한 이미지 파일의 형식 살펴보기 ● ● ●

다양한 이미지 파일 형식의 기본적인 개념을 알고 있어야 목적에 적합한 형식으로 파일을 저장할 수 있습니다. 가장 자주 사용하는 파일 형식인 JPG, GIF, PNG의 특징을 알아보겠습니다.

가장 많이 사용되는 이미지 파일 형식 JPG

이미지 파일 중 가장 많이 사용되는 형식은 JPG입니다. 간혹 JPEG로 표기되기도 하나 JPG와 동일한 형식입니다. JPG는 압축률을 조절하여 용량을 줄일 수 있습니다. 이미지를 손실하여 압축하는 방법으로 무리하게 압축을 하면 이미지 품질이 눈에 띄게 떨어집니다. 포토샵에서 JPG로 저장할 때에는 '60~80' 사이의 압축 품질을 추천합니다. 아래 예시의 첫 번째 이미지는 포토샵에서 품질을 '80'으로 저장한 JPG 이미지이고 두 번째 이미지는 품질을 '0'까지 낮추어 JPG로 여러 번 저장한 이미지입니다. 이미지의 외곽선을 보면 두 번째 이미지의 품질이 떨어진 것을 확실하게 알 수 있습니다.

▲ 품질을 80으로 저장한 이미지   ▲ 품질을 무리하게 낮추어 저장한 이미지

애니메이션 이미지로 저장할 수 있는 GIF

GIF는 최대 256 색상을 지원하며 압축률이 높아 용량이 낮습니다. 다양하고 섬세한 색상을 표현하기에는 한계가 있어 단일 이미지에는 잘 사용되지 않고, 주로 여러 장의 이미지를 연속으로 담아낼 수 있어 '움짤'이라고 불리는 애니메이션 형식으로 사용됩니다. 용량이 높은 동영상 내용의 일부를 포토샵에서 GIF로 변환할 수도 있습니다.

▲ 동영상 일부를 GIF로 변환한 이미지 컷

투명한 배경으로 저장할 수 있는 PNG

PNG는 무손실 압축 파일로 이미지 손실이 없어 고해상도 작업에 용이하나 용량이 높습니다. 보통 이미지 파일은 용량이 낮은 JPG 형식을 주로 사용하지만 JPG는 투명 또는 반투명한 이미지를 표현할 수 없기 때문에 이미지를 합성할 때와 같이 투명한 이미지가 필요할 때는 PNG 형식을 사용합니다. 포토샵에서 투명한 부분은 바둑판 무늬로 나타납니다.

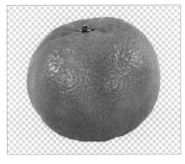
▲ 포토샵에서 보이는 배경이 투명한 이미지

▲ 나무 무늬와 합성한 배경이 투명한 이미지

> **TIP**　**무료 이미지 사이트**
>
> 디자인 작업을 할 때 유용하게 이용할 수 있는 무료 이미지 사이트를 소개합니다. 대부분 저작권 걱정 없이 상업적으로 사용할 수 있으나 허용 범위의 차이가 있으니 이미지의 저작권 내용을 반드시 확인하고 사용해야 합니다.
>
> - Pixabay(https://pixabay.com)
>   이미지 외에도 동영상과 배경 음악, 효과음 등 다양한 무료 소스를 다운받을 수 있는 사이트입니다. 유튜브 채널을 운영하는 크리에이터에게 추천합니다.
> - Pexels(https://www.pexels.com)
>   고화질의 사진과 동영상을 다운받을 수 있는 사이트입니다. 키워드 입력 후 방향, 사이즈, 색상을 선택하여 원하는 이미지를 더 쉽게 찾을 수 있습니다.
> - Unsplash(https://unsplash.com)
>   이미지가 카테고리별로 분류되어 있어 키워드가 명확하지 않을 때 이용하기 편리합니다. 한글보다 영문으로 검색하면 더 많은 이미지를 찾을 수 있습니다.

Lesson

02 실패하지 않는 색 선택하기

특별한 꾸밈 요소 없이 배경 이미지와 문자 배열만으로 멋진 디자인 작업물을 만들려면, 조화로운 색을 선택하는 것이 중요합니다. 색을 고르는 것이 어렵다면, 전문가들이 만들어 놓은 색상 설계에 관한 다양한 이론을 참고하여 활용해 보세요.

이미지에 있는 색상 활용하기

색에 대한 지식이나 센스가 부족하더라도 비교적 쉽게 접근할 수 있는 방법이 있습니다. 이미지에 있는 색을 추출하여 디자인에 활용하는 것입니다. 이미지에 있는 색을 사용하면 조화로운 디자인을 완성할 수 있습니다.

이미지에 있는 색상 추출

포토샵 스포이드 도구를 이용하여 이미지에 있는 색상을 추출할 수 있습니다. 이미지에서 추출한 색상을 기반으로 디자인에 적용하면 조화롭고 안정감 있는 느낌을 줍니다. 도구 패널에서 [스포이드 도구(🖋)]를 선택하고 추출하고 싶은 색상이 있는 부분을 클릭하면 도구 패널의 전경색에 컬러가 추출됩니다.

전경색을 클릭하면 색상 피커 창이 열리고 색상코드를 확인할 수 있습니다. 색상코드는 여섯 자리의 영문과 숫자의 조합입니다. 한 번에 색을 추출하기보다 위치를 이동하면서 디자인과 어울리는 색상을 찾아보는 것이 좋습니다.

> **TIP** 전경색과 배경색
>
> 도구 패널 아래에 위치한 두 개의 색상 박스 중 앞쪽에 있는 박스는 전경색, 뒤쪽에 위치한 박스는 배경색입니다. 기본적으로 전경색은 검정색, 배경색은 흰색으로 설정되어 있으며 색상 피커에서 선택된 색상이 전경색으로 나타납니다.

콘셉트에 어울리는 색상 사용하기

벚꽃 시즌에는 부드러운 분홍색, 여름 휴가 시즌에는 시원한 파란색이 연상됩니다. 반대로 빨간색을 생각하면 뜨거운 열정이나 출입금지 등의 표지판이 연상됩니다. 이처럼 특정 시즌이나 이벤트를 상징하는 색상이나 연상되는 단어들을 디자인에 반영하면 더욱 콘셉트가 확실한 디자인을 할 수 있습니다.

자주 사용되는 색상별 콘셉트

- 빨간색: 매운 음식, 크리스마스, 열정, 금지 등
- 주황색: 가을, 음식, 에너지, 활기, 즐거움 등
- 노란색: 봄, 어린이, 희망, 행복 등
- 초록색: 청소년, 자연, 신선함, 휴식 등
- 파란색: 여름, 시원함, 신뢰, IT, 의료 등
- 보라색: 세련된, 우아한, 마술, 환상 등

색상 설계하기

색상을 잘못 선택하면 디자인이 부자연스럽고 때로는 눈에 피로감을 가져다 줍니다. 자연스럽고 효과적인 색상 선택을 위해 보편적으로 많이 사용하는 색상 설계 방법을 소개합니다.

무채색 설계

하나의 색으로만 디자인할 수는 없으며 최소 두세 가지 이상의 색상을 사용하게 됩니다. 예시 이미지는 한 가지 색만 사용한 것처럼 보일 수 있지만 흰색과 검은색 두 가지 색으로 디자인되었습니다. 흰색과 검은색은 엄밀히 말하면 색상이나 채도가 없고 명도만 가진 무채색입니다. 오른쪽 예시 이미지 같은 디자인을 무채색 설계라고 하며 무채색에는 검은색과 흰색, 회색이 있습니다.

▲ 무채색 설계 디자인 예시

단색 설계

단색 설계는 하나의 색상에서 명도와 채도에 변화를 주어 색을 선택하는 색상 설계 방법입니다. 같은 계열의 색상으로 구성하여 디자인의 통일성을 유지할 수 있습니다. 오른쪽 예시 이미지는 노란색 계열의 색상과 흰색으로 포인트를 준 배너 디자인입니다. 노란색을 토대로 명도와 채도에 변화를 주어 통일된 느낌을 줍니다.

▲ 단색 설계 디자인 예시

채도와 명도

채도

채도가 높다, 채도가 낮다 또는 명도가 높거나 낮다는 말을 한 번쯤은 들어봤을 것입니다. 채도는 색이 선명한 정도를 의미합니다. 채도가 높은 색으로는 형광색이 있습니다. 고채도의 색일수록 쨍한 느낌이 들고 선명합니다. 흰색과 검정색이 많이 섞일수록 채도는 점점 낮아집니다. 포토샵의 색상 피커 창에서 오른쪽 맨 위 부분이 채도가 가장 높은 순색입니다. 순색을 기준으로 거리가 멀어질수록 채도가 낮아집니다.

▲ 포토샵 색상 피커 창

채도가 높은 색은 화려한 느낌을 주고, 눈에 잘 띄기 때문에 디자인할 때 강조색으로 사용하면 좋습니다. 하지만 채도가 높은 색으로만 디자인하면 어지러운 느낌을 줄 수 있고, 순색에 가까운 고채도의 사용은 자칫 촌스러워 보일 수 있기 때문에 채도를 적당히 낮춰 디자인하는 것이 좋습니다.

▲ 채도가 높은 디자인

▲ 채도를 낮춘 디자인

명도

명도는 색의 밝고 어두움을 뜻합니다. 명도가 높을수록 밝은 색이며 명도가 낮을수록 어두운 색입니다. 우리가 알고 있는 대부분의 밝은 파스텔 톤은 명도가 높은 색상입니다.

▲ 명도가 높은 색

▲ 원색

▲ 명도가 낮은 색

명도의 차이를 잘 이용한 디자인은 시인성이 좋습니다. 배경색과 문자의 명도 차이를 고려해 디자인하면 가독성이 좋은 디자인을 할 수 있습니다.

▲ 높은 명도의 색으로만 구성한 디자인

▲ 명도의 차이를 이용해 시인성을 높인 디자인

> **TIP 가독성과 시인성**
>
> 일반적으로 가독성은 글씨가 잘 읽히는 정도를 말하고, 시인성은 이미지의 모양이나 색의 구분이 명확하게 잘 보이는 성질을 뜻합니다.

유사색 설계와 보색 설계

유사색 설계

유사색 설계는 인접한 색상을 사용하여 배색하는 방법입니다. 색상 대비가 적기 때문에 차분하고 부드러운 느낌을 줍니다. 색상환 이미지를 보면 연두색의 유사색은 연두색과 인접한 노란색과 초록색입니다.

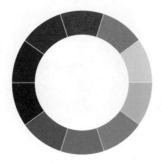

▲ 색상환

▲ 노란색의 유사색으로 설계한 디자인

보색 설계

서로 반대되는 색을 보색이라 하며 색상환에서 마주 보는 색입니다. 색상환 이미지를 참고했을 때 주황색의 보색은 파란색입니다. 대비가 강한 보색은 서로의 색을 더욱 강하고 선명하게 만들어 줍니다. 채도가 높은 보색을 전경색과 배경색으로 사용하면 동시대비 효과로 거부감을 줄 수 있으니 주의합니다.

▲ 주황색, 하늘색 고채도 보색의 동시대비　　▲ 빨간색, 청록색 보색 설계

TIP **색상 설계를 도와주는 유용한 사이트**

색상 설계를 도와주는 유용한 사이트를 소개합니다.

- 어도비 Kuler(https://color.adobe.com)
  색상 휠을 이용하여 유사색 및 단색 등 다양한 색상을 조합할 수 있습니다. 이미지에서 추출한 색으로 색상 팔레트를 생성하는 기능도 제공합니다.

- Color Hunt(https://colorhunt.co)
  카테고리나 색상을 선택하면 네 가지의 색상 팔레트를 추천해 줍니다. 색상코드를 클릭하면 자동으로 복사되어 편하게 사용할 수 있습니다.

- Picular(https://picular.co)
  영문 키워드를 입력하면 구글 이미지의 검색 결과와 매치된 색상 조합을 추천해 줍니다. '아마도, 배부름' 등 모호한 감정이나 상태에 대한 색상도 추천해 주는 장점이 있습니다.

Lesson
03 디자인에 어울리는 폰트 선택하기

폰트는 그 자체가 디자인이라 할 수 있습니다. 어떤 폰트를 사용하느냐에 따라 디자인의 분위기가 달라지기 때문에 메시지를 전달하는 마케팅 디자인에서 특히 빼놓을 수 없는 요소입니다. 매일 새로운 폰트가 출시되어 폰트의 종류가 다양하게 넘쳐나는 가운데 사용 목적에 따라 폰트를 고르는 방법을 알아보겠습니다.

제목용 폰트와 본문용 폰트 선택하기

마케팅 디자인에 활용되는 폰트는 크게 제목용과 본문용 두 가지로 나눌 수 있습니다. 제목은 말 그대로 콘텐츠의 주제나 고객의 눈길을 끌 수 있는 짧은 내용의 문자이고, 본문은 제목에 대한 부연 설명이나 내용을 담은 문자입니다.

제목용 폰트

한 장으로 구성된 콘텐츠라도 내용을 먼저 읽고 제목을 보는 경우는 드뭅니다. 서점에서 책을 고를 때 책 제목을 보고 흥미를 느낀 후 책을 읽는 것처럼 마케팅 디자인에서 제목 즉, 메인 카피는 매우 중요합니다. 책과 다른 점은 시간을 할애해서 마케팅 광고를 골라 보긴 어렵다는 것입니다. 짧은 시간 안에 수많은 광고 콘텐츠 속에서 고객을 사로잡아야 합니다. 아래 예시 이미지에서 적합한 제목용 폰트를 골라보겠습니다.

수능을 마친 학생들이라면 '수능끝'이라는 단어만으로도 관심을 가지게 됩니다. 같은 내용의 콘텐츠라도 두 번째 이미지는 짧은 시간 안에 콘텐츠의 핵심을 파악하기 어려워 보이는 반면 첫 번째 이미지는 제목을 보고 한눈에 어떤 내용의 콘텐츠인지 알 수 있습니다. 예시 이미지를 통해 콘텐츠 디자인에서 제목에 두께감 있는 폰트를 사용해야 디자인의 주목성 및 시인성을 높일 수 있음을 알 수 있습니다.

▲ 두껍고 큰 사이즈의 제목용 폰트　　　　▲ 얇고 작은 사이즈의 제목용 폰트

본문용 폰트

제목에 임팩트 있는 폰트를 사용해서 고객의 관심을 끌었다면 남은 것은 콘텐츠의 내용을 잘 전달하는 것입니다. 문자의 사이즈가 작은 본문은 가독성이 높은 폰트를 사용해야 내용을 잘 전달할 수 있습니다. 웹과 모바일용 디자인에서는 본문용 폰트로 고딕체가 주로 사용됩니다.

고딕체를 사용한 예시 이미지의 본문 폰트를 바꾸어 비교해 보겠습니다. 비교를 위해 배너 이미지에서 본문 부분만 확대하였습니다. 세 가지 예시 중 본문에 고딕체를 사용한 문자가 가장 가독성이 좋고 읽기 편하게 느껴집니다. 다만 고딕 계열이라도 너무 두껍거나 얇은 폰트를 본문에 사용하면 가독성이 떨어질 수 있으니 주의합니다.

▲ 본문에 고딕체를 사용한 디자인

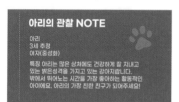

▲ 꾸밈이 없는 고딕체

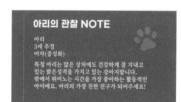

▲ 삐침이 있는 명조체

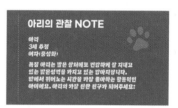

▲ 꾸밈이 있는 폰트

대표적인 폰트의 종류 살펴보기

디자인에서 대표적으로 사용되는 폰트는 일반적으로 세리프체, 산세리프체, 손글씨체 등이 있습니다.

세리프체(Serif)

획의 삐침으로 멋을 낸 세리프체는 우리나라에서 명조체로 해석합니다. 명조체는 고전적이거나 부드럽고 서정적인 느낌을 주기 위해 많이 사용합니다.

▲ 획의 삐침이 있는 세리프체

산세리프체(Sans-serif)

산세리프체는 꾸밈이 없고 반듯한 느낌의 고딕체입니다. 모던하고 현대적인 느낌의 폰트로 웹 디자인에 많이 사용됩니다.

▲ 획의 끝부분이 매끈한 산세리프체

손글씨체

붓이나 펜으로 쓴 듯한 손글씨 느낌의 폰트는 개성이 잘 드러납니다. 마케팅 디자인에서 '대박 할인 놓치지 마세요!', '어깨 통증 참고만 계신가요?'처럼 주로 말하는 듯한 느낌으로 사용됩니다.

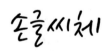

▲ 폰트의 개성이 강한 손글씨체

- **폰트 개별 설치 방법**

폰트를 다운받은 폴더에서 ① 폰트 파일을 더블 클릭합니다. 왼쪽 상단 ② [설치] 버튼을 클릭해 폰트를 설치합니다.

 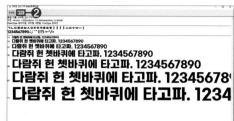

- **여러 개의 폰트 설치**

설치할 폰트가 여러 개일 경우 한 번에 설치하는 방법을 알아보겠습니다. 다운받은 폴더에서 ① 설치할 폰트 파일을 모두 선택한 후 ② Ctrl + C 로 복사합니다. Windows 폴더의 [Fonts] 폴더로 이동합니다. 복사한 파일을 ③ Ctrl + V 로 붙여 넣어 폰트를 설치합니다.

추천 폰트 살펴보기

디자인 콘셉트에 따라 어울리는 폰트를 사용해야 디자인의 느낌을 효과적으로 전달할 수 있습니다. 특히 본문보다 제목에서 어떤 폰트를 사용하느냐에 따라 디자인의 느낌이 달라집니다. 디자인을 하기 전 내가 만든 콘텐츠가 타깃층에게 어떤 느낌으로 보여지길 원하는지 생각해 보세요.

콘셉트별 제목용 추천 폰트

제가 제목에 자주 사용하는 콘셉트별 폰트를 추천합니다. 아래에서 소개하는 폰트는 무료로 다운로드할 수 있습니다. 제목 폰트를 적절하게 사용하여 디자인의 완성도를 높여 보세요.

귀엽고 아기자기한 느낌의 폰트

여기어때 잘난체	카페24 서라운드	빙그레체	배스킨라빈스체
▲ 여기어때 잘난체	▲ 카페24 서라운드	▲ 빙그레체	▲ 배스킨라빈스체

재미있고 레트로한 느낌의 폰트

을지로체	산돌국대떡볶이체	양진체	스웨거체
▲ 을지로체	▲ 산돌국대떡볶이체	▲ 양진체	▲ 스웨거체

강하고 스포티한 느낌의 폰트

검은고딕	Rix열정도체	비트로 코어체	이사만루체
▲ 검은고딕	▲ Rix열정도체	▲ 비트로 코어체	▲ 이사만루체

기타 추천 폰트

티몬 몬소리체	가나초콜릿체	상주곶감체	티웨이하늘체
▲ 티몬 몬소리체	▲ 가나초콜릿체	▲ 상주곶감체	▲ 티웨이하늘체

앞에서 소개한 폰트 외에도 다양한 디자인의 무료 폰트가 있습니다. 작업하기 전 본인이 원하는 무료 폰트를 다운로드 받아 사용합니다. 같은 무료 폰트라도 일부는 상업적인 사용이 어려운 경우가 있으니 자세한 사용 범위를 확인하는 것이 좋습니다. 아래에서 소개하는 사이트에서 무료 폰트를 쉽게 찾을 수 있습니다.

- 눈누: 다양한 한글 무료 폰트를 검색할 수 있는 사이트입니다. 고딕, 명조 등 원하는 스타일의 폰트 형태로 검색할 수 있습니다.

▲ 눈누(https://noonnu.cc)

- 다폰트: 영문 무료 폰트를 찾을 때 많이 이용하는 사이트 중 하나입니다. 폰트 카테고리를 선택한 후 검색 조건 'More Option'에서 '100% Free' 항목에 체크하고 검색하여 무료 폰트를 검색할 수 있습니다.

▲ 다폰트(https://www.dafont.com)

- 어도비 폰트: 어도비 멤버십 구독자라면 산돌, 릭스 폰트 등 여러 폰트 개발 업체의 유료 폰트 중 일부를 무료로 사용할 수 있습니다.

▲ 어도비 폰트(https://fonts.adobe.com)

제목, 본문 겸용 추천 폰트

제목과 본문 겸용으로 사용하기 좋은 폰트입니다. 다양한 두께를 지원하는 폰트라면 두꺼운 두께의 폰트는 제목에, 중간 두께의 폰트는 본문에 사용하면 좋습니다.

고딕체

노토산스 가 가 **가 가 가 가**	**에스코어드림** 가 가 가 **가 가 가 가**	**G마켓 산스** 가 가 **가**

▲ Noto Sans KR(본고딕)　　▲ 에스코어드림　　▲ G마켓 산스

명조체

노토산스 세리프 가 가 가 가 가 가 가	**이롭게 바탕체**	**조선일보명조**

▲ Noto Sans Serif KR (본명조)　　▲ 이롭게 바탕체　　▲ 조선일보명조

TIP 상황에 따라 다르게 사용될 수 있는 폰트

제목에는 무조건 두께감 있는 폰트를 사용하고, 본문에는 고딕체만 사용해야 하는 것은 아닙니다. 콘셉트에 따라 제목에 얇은 두께의 폰트를 사용할 수 있고 본문에도 명조체를 사용할 수 있습니다.

▲ 가볍고 산뜻한 느낌을 나타내기 위해 제목에 얇은 폰트를 사용한 이미지

▲ 부드러운 콘셉트에 맞춰 본문에 명조체를 사용한 이미지

Lesson 04 상황별 레이아웃 구성하기

디자인에 사용할 이미지를 고르는 방법과 디자인에 어울리는 폰트를 선택하는 방법을 알아보았다면 이제 선택한 이미지에 문자를 효과적으로 배치하는 작업이 남아있습니다. 제작하려는 콘텐츠의 비율과 시선에 흐름에 따라 이미지와 문자를 자연스럽게 배치하는 방법을 알아보겠습니다.

시선의 흐름을 고려한 레이아웃 구성하기

위에서 아래로, 왼쪽에서 오른쪽으로 흘러가는 시선의 흐름을 고려한 레이아웃 설계 방법을 소개합니다.

세로가 긴 비율의 콘텐츠일 때

제작할 콘텐츠의 비율이 세로가 긴 비율일 때는 위에서 아래로 흐르는 시선을 고려하여 강조하려는 것을 위에 배치합니다. 일반적으로 제목을 위에 배치하고, 이미지는 아래에 배치하는 레이아웃을 많이 사용합니다.

▲ 제목을 강조한 레이아웃　　　　▲ 이미지를 강조한 레이아웃

가로가 긴 비율의 콘텐츠일 때

가로로 긴 비율의 콘텐츠인 경우 왼쪽에서 오른쪽으로 흐르는 시선을 고려해 강조할 부분을 왼쪽에 배치합니다. 배치할 이미지가 두 개일 경우 문자를 가운데에 배치하면 안정감을 줄 수 있습니다.

▲ 제목을 강조한 레이아웃　　　▲ 이미지를 강조한 레이아웃　　　▲ 이미지가 두 개일 경우의 레이아웃

이미지의 특징을 이용한 레이아웃 구성하기

사용하는 이미지의 특징에 맞춰 레이아웃을 잡기도 합니다. 특히 복잡한 이미지를 배경으로 사용할 때는 이미지의 빈 공간이나 이미지 자체의 배치를 잘 파악해서 문자 레이아웃을 잡아야 합니다.

이미지의 빈 공간 활용

이미지의 빈 공간에 문자를 넣어 자연스럽게 레이아웃을 잡을 수 있습니다. 이미지 여백 공간에 문자를 배치하면 문자의 가독성과 시인성을 높일 수 있습니다. 예시 이미지 모두 빈 공간에 문자를 배치하여 가독성을 고려한 레이아웃을 보여주고 있습니다.

▲ 이미지의 빈 공간에 문자를 넣은 레이아웃

이미지의 형태 활용

이미지에서 모델의 손동작이나 제품의 모양을 이용해 문자를 배치하면 재미있고 개성 넘치는 디자인을 할 수 있습니다. 손을 뻗은 모델이 있는 첫 번째 예시 이미지를 보겠습니다. 모델의 손 위에 원을 이용한 문자를 넣어 재미있는 레이아웃으로 표현하였습니다. 과일 상자가 있는 예시 이미지는 세로 비율이지만 위에서 아래로 흘러가는 레이아웃이 아닌 세로로 긴 상자의 모양을 활용해 왼쪽에서 오른쪽으로 흘러가는 디자인을 완성했습니다.

▲ 손 동작을 이용한 레이아웃   ▲ 제품 모양을 활용한 레이아웃

디자인 레이아웃 참고 사이트

다양한 디자인의 레이아웃을 참고할 수 있는 사이트를 소개합니다.

- 핀터레스트: 디자인 외에도 다양한 주제의 이미지를 볼 수 있는 사이트입니다. 마음에 드는 이미지를 보드에 저장하여 내 계정에서 언제든지 확인할 수 있습니다.

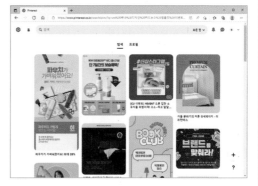

▲ 핀터레스트(https://www.pinterest.co.kr)

- 비핸스: 세계 각국의 디자이너들이 포트폴리오를 등록하는 사이트입니다. 취업을 위해 비핸스에 자신의 포트폴리오를 등록할 수 있습니다. 비핸스에 등록된 포트폴리오를 보고 프로젝트 문의가 들어오기도 합니다.

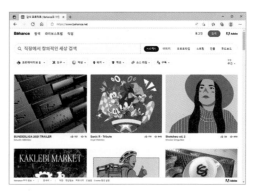

▲ 비핸스(https://www.behance.net)

Chapter

02

2023년 버전의 포토샵 설치 방법을 소개하겠습니다. 어
도비에서는 매년 업데이트 버전을 출시하고 있습니다.
포토샵 최신 버전이 아니어도 기본적인 핵심 기능은 동
일하기 때문에 내용을 이해하는 데 무리는 없지만 책을
보며 예제를 따라할 때는 가급적 2017년 이상 버전을 사
용할 것을 권장합니다.

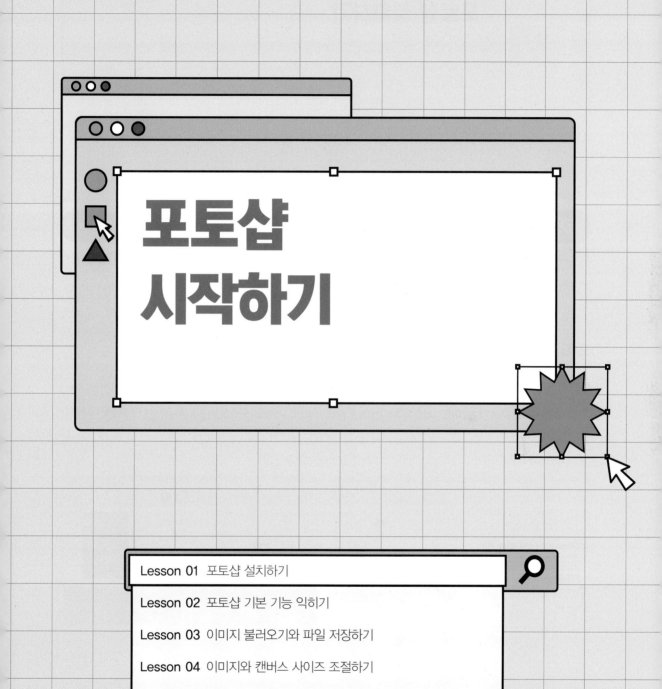

포토샵
시작하기

01 포토샵 설치하기

어도비에서는 매년 포토샵을 업데이트하고 있습니다. 포토샵이 2023년 버전으로 업그레이드되면서, 미세한 영역을 선택하거나 빈 공간을 자동으로 채우는 등 새로운 기능들이 추가되었습니다. 포토샵 무료 체험판을 설치해 보고, 구독 유형을 알아보겠습니다.

포토샵 무료 체험판 설치 알아보기

포토샵 유료 결제가 부담된다면 7일 동안 무료로 사용할 수 있는 무료 체험판을 이용하는 방법이 있습니다. 포토샵을 단기간 사용할 경우에는 해지 시 위약금이 발생하지 않는 월별 구독 유형을 추천합니다.

포토샵 무료 체험판 설치

01 어도비 코리아 홈페이지(https://www.adobe.com/kr)에 접속합니다. 메인 배너의 [무료 체험하기]를 클릭하면 어도비에서 제공하는 모든 프로그램을 7일간 무료로 이용할 수 있습니다. 책에서는 포토샵만 사용할 것이기 때문에 포토샵을 다운받겠습니다. 상단 메뉴에서 ① [도움말 및 지원]을 선택한 후 ② [다운로드 및 설치]를 클릭합니다.

02 제품 리스트 페이지에서 ① 포토샵의 [무료 체험판]을 클릭합니다. 페이지 이동 후 개인, 팀, 학생 및 교사 중 ② 해당 항목을 선택합니다. 책에서는 [개인]을 선택하겠습니다.

03 Photoshop과 사진, Creative Cloud 모든 앱 까지 세 가지 플랜이 보입니다. Photoshop과 사진의 가장 큰 차이점은 어도비에서 제공하는 스토리지(저장 공간)의 용량 차이입니다. 사진의 경우 스토리지 20GB를 선택하면 월 11,000원 에 이용할 수 있으며 사진 보정 프로그램인 라 이트룸을 함께 제공합니다. Creative Cloud 모 든 앱의 경우 어도비의 모든 프로그램을 사용할 수 있습니다. 무료 체험판이므로 어떤 걸 선택 해도 좋으나 이후 유료로 연장하여 사용할 의사 가 있다면 상대적으로 저렴한 사진 플랜을 추천 합니다. ① [사진]을 선택한 후 ② [계속]을 클릭 합니다.

04 구독 유형 중 월별로 청구되는 ① [연간, 매월 지불] 약정을 선택한 후 ② [계속]을 클릭합니다.

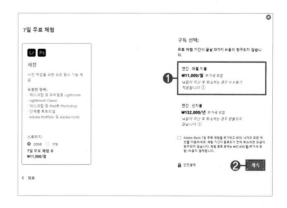

05 ① 이메일 주소를 입력하고 약관 내용을 확인합니다. ② 필수 항목을 모두 체크한 후 ③ [계속]을 클릭합니다.

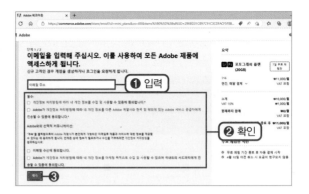

06 ① 결제 정보를 입력한 후 ② [무료 체험기간 시작]을 클릭하면 이후 과정을 거쳐 포토샵을 설치할 수 있습니다.

> **TIP** **무료 체험판 취소 날짜 확인**
>
> 결제 정보 입력 화면 오른쪽 하단에 무료 체험판 약관이 있습니다. 무료 체험이 끝나면 자동으로 결제가 진행되니 요금이 청구되기 전에 취소가 가능한 날짜를 확인해 두어야 합니다.

자동 결제 전 플랜 취소

01 무료 체험판 이용 후 자동 결제를 원치 않는다면 체험 기간이 끝나기 전 플랜을 취소합니다. 어도비 계정 (https://account.adobe.com)에 접속하여 로그인한 후 ① [플랜 관리]를 선택합니다. ② [플랜 취소]를 클릭해 취소를 진행합니다.

포토샵 월간 구독 유형 살펴보기

어도비 프로그램은 연간 구독 형식이기 때문에 1년 약정 기간 중 중도 해지할 경우 위약금이 발생합니다. 1년 미만으로 사용할 때 선택 가능한 구독 유형을 소개합니다.

01 플랜 선택 화면에서 ① [Photoshop]을 선택한 후 ② [계속]을 클릭합니다.

02 ① [월별]을 선택한 후 ② [계속]을 클릭해 이후 과정을 진행합니다. 월별 구독 유형은 해지 시 위약금이 발생하지 않지만 이용 요금이 가장 높다는 단점이 있습니다.

TIP　**포토샵 연간 약정 이용 중 해지하고 싶을 때**

1년 약정 이용 중 해지가 필요할 때 어도비 고객센터 상담원과 상담 후 해지하는 이유가 타당하다고 판단되면 위약금 없이 해지되는 경우도 있습니다.

Lesson

02

포토샵 기본 기능 익히기

내 방을 꾸밀 때 취향에 맞는 커튼 색을 고르고 동선에 맞춰 가구를 배치하듯이 포토샵의 작업 영역도 환경 설정과 작업 영역의 배치를 나에게 맞게 변경할 수 있습니다. 포토샵의 작업 영역을 살펴보며 나에게 맞게 환경을 설정하는 방법과 포토샵의 기본 기능을 알아보겠습니다.

포토샵 환경 설정과 새 문서 만들기 ● ● ●

포토샵의 환경 설정 메뉴를 살펴보며 나에게 맞게 설정한 후 새 파일을 여는 방법을 알아보겠습니다.

포토샵 환경 설정

01 포토샵을 설치한 후 실행하면 보이는 시작 화면입니다. ① [튜토리얼 시작] 또는 왼쪽에 [학습]을 클릭하면 포토샵에서 제공하는 간단한 사용 방법을 확인할 수 있습니다. 왼쪽 상단에 ② [새 파일]을 클릭하면 작업 파일을 생성할 수 있고 ③ [열기]를 클릭하여 작업한 파일 또는 이미지를 불러올 수 있습니다.

02 상단 메뉴의 ① [편집] 〉 ② [환경 설정] 〉 ③ [인터페이스]를 클릭하여 환경 설정 창을 나타냅니다. 환경 설정 창은 단축키 Ctrl + K를 눌러 열 수 있습니다.

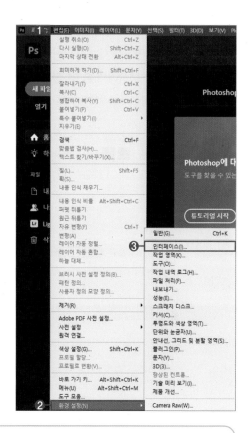

> **TIP** 상단 메뉴 단축키
>
> 포토샵 메뉴 옆에 단축키가 표시되어 있습니다. 자주 사용하는 메뉴의 경우 단축키를 외워두면 작업 시간을 단축할 수 있습니다.
>
>
>
> - Ctrl + N 새로 만들기
> - Ctrl + O 열기
> - Alt + Ctrl + O Bridge에서 찾아보기
> - Alt + Shift + Ctrl + O 지정 형식
> - Ctrl + W 닫기
> - Alt + Ctrl + W 모두 닫기
> - Alt + Ctrl + P 기타 항목 닫기
> - Shift + Ctrl + W 닫은 후 Bridge로 이동
> - Ctrl + S 저장
> - Shift + Ctrl + S 다른 이름으로 저장
> - Alt + Ctrl + S Save a Copy
> - Alt + Shift + Ctrl + I 파일 정보
> - Ctrl + P 인쇄
> - Alt + Shift + Ctrl + P 한 부 인쇄
> - Ctrl + Q 종료

03 인터페이스의 [색상 테마]에서 포토샵 화면의 색상을 지정할 수 있습니다. 책에서는 **가장 밝은 색상**을 선택합니다. [UI 언어]에서는 포토샵의 언어를 설정할 수 있습니다. 실무에서는 영어 버전도 많이 사용하나 이 책에서는 초보자에게 좀 더 친숙한 **한국어**로 설정하겠습니다. 언어를 변경한 후 포토샵을 재실행해야 변경한 언어 설정으로 적용됩니다.

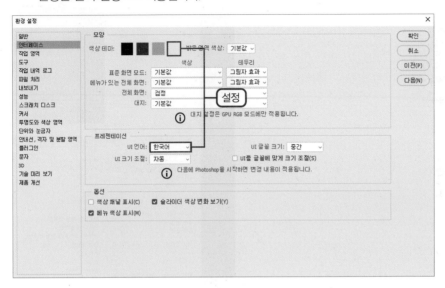

TIP   **포토샵 설치 전 언어 설정하기**

포토샵 설치 전 어도비 크리에이티브 클라우드(Adobe Creative Cloud)를 실행하여 ① [메뉴] 〉 ② [파일] 〉 ③ [환경 설정]을 선택합니다. 앱을 클릭하고 기본 설치 언어를 원하는 언어로 선택해 주세요. 이미 포토샵이 설치되어 있을 경우 재설치하여 적용합니다.

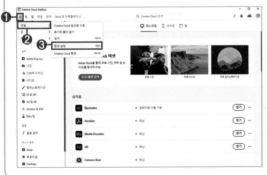 

04 파일 처리에서는 [다음 간격으로 복구 정보 자동 저장] 기능을 살펴보겠습니다. 작업 중인 파일을 최소 1회이상 저장하였다면 설정한 시간 단위로 자동 저장됩니다. 갑작스런 정전이나 오류로 인해 포토샵이 종료되었을 때 유용한 기능입니다.

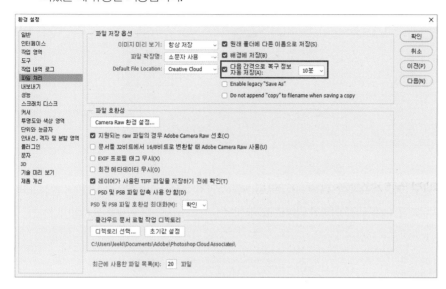

05 성능에서는 [작업 내역 상태] 값을 확인하겠습니다. 작업 중 이전 상태로 되돌려야 할 때 작업 내역 상태에서 지정한 숫자만큼 이전 상태로 되돌릴 수 있으며 숫자가 높을수록 많은 용량이 사용됩니다.

06 단위와 눈금자에서 웹 작업을 위한 단위 설정을 하겠습니다. 웹에서의 단위 값은 픽셀입니다. 눈금자와 문자를 **픽셀**로 설정합니다.

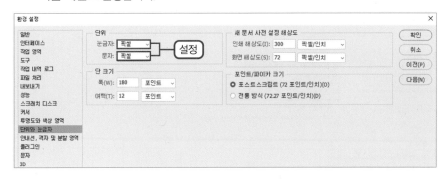

07 문자에서는 글꼴 이름을 영어로 표시할 것인지 한글로 표시할 것인지 설정이 가능합니다. UI 언어 설정과 마찬가지로 포토샵 입문자를 위해 [글꼴 이름을 영어로 표시] 항목을 체크 해제하여 한글로 표시합니다.

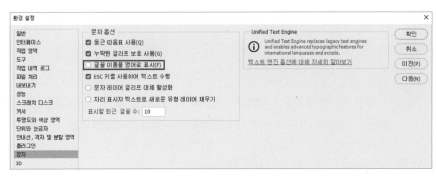

새 문서 생성

01 포토샵 시작 화면 왼쪽 [새 파일]을 클릭하면 파일의 사이즈를 설정할 수 있는 창이 뜹니다. 단축키는 Ctrl + N입니다.

02 먼저 오른쪽 항목을 살펴보겠습니다. ① 첫 번째 칸은 작업 파일의 제목을 입력하는 곳입니다. 여기서 파일 제목을 입력하지 않고, 파일 저장 단계에서 입력해도 됩니다. ② 폭과 높이에는 작업 시 필요한 사이즈를 입력합니다. 이때 작업 파일의 단위 및 해상도, 색상 모드 등이 맞게 설정되었는지 확인합니다. 웹 작업 시 ③ 단위는 **픽셀** ④ 해상도는 **72픽셀/인치** ⑤ 색상 모드는 **RGB 색상**으로 설정합니다. 한 개의 파일만 작업할 경우 ⑥ 아트보드를 체크 해제합니다. 아트보드는 〈Chapter 05 SNS 카드뉴스 만들기〉에서 자세히 알아보겠습니다.

03 새로운 문서를 만들 때 포토샵에서 기본으로 제공하는 설정 값을 사용할 수도 있습니다. 사진, 인쇄, 아트 및 일러스트레이션, 웹, 모바일, 영화 및 비디오 중 작업 파일에 맞는 템플릿을 선택하면 해당 설정 값이 자동으로 불러와 집니다.

TIP **어도비 무료 템플릿 활용하기**

어도비 구독자라면 어도비에서 무료로 제공하는 양질의 템플릿을 사용할 수 있습니다. **03**번 이미지의 하단 부분을 참고하세요.

포토샵 작업 영역 살펴보고 내 작업 영역 저장하기

포토샵의 작업 영역을 살펴보고 나에게 맞게 설정한 후 내 작업 영역을 저장하는 방법을 알아보겠습니다.

포토샵 메뉴와 각 패널의 위치

작업 영역 가장 상단에는 메뉴가 위치하며 메뉴 아래에는 옵션 패널이 있습니다. 왼쪽에는 도구 패널 오른쪽에는 라이브러리와 속성 패널 및 레이어 패널 등이 보입니다.

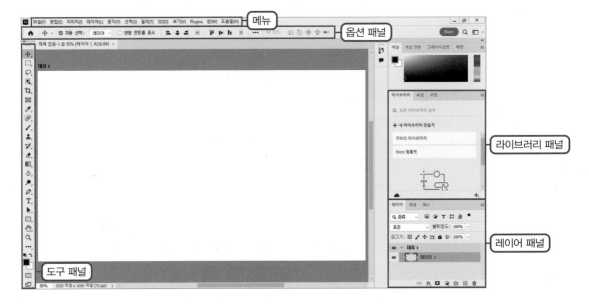

오른쪽 패널 그룹의 작은 화살표 아이콘(▶▶)을 클릭하면 패널을 아이콘으로 간략히 보여 줍니다.

▲ 화살표 아이콘 클릭 전   ▲ 화살표 아이콘 클릭 후

패널의 메뉴 아이콘(▤)을 클릭하여 일부 패널을 닫거나 패널 탭 그룹 전체를 닫을 수 있습니다. 패널 경계선에 마우스를 오버한 후 드래그하여 패널의 사이즈 조절이 가능합니다. 각 패널은 드래그하여 위치를 옮길 수 있으며 원하는 패널끼리 패널 그룹을 만들 수도 있습니다.

▲ 색상 패널 그룹을 닫기 전

▲ 색상 패널 그룹을 닫은 후

▲ 패널의 영역 조절 후

TIP 패널 찾기

실수로 사용하는 패널을 닫았을 경우 [창] 메뉴에서 해당 패널을 찾으면 됩니다. 작업 화면에 보이는 패널은 체크 표시가 되어 있으며 기본적으로 사용하는 패널은 도구, 옵션, 속성, 레이어 패널입니다.

내 작업 영역 저장

본인의 스타일에 따라 작업 영역을 변경하였다면 변경한 영역을 저장할 수 있습니다. 옵션 패널 오른쪽의 ①
화면 아이콘(▣)을 클릭한 후 ② [새 작업 공간]을 선택합니다.

새 작업 영역 창이 뜨면 ① 이름을 입력하고 ② [저장]을 클릭합니다. 저장이 잘 되었다면 ③ 작업 영역 리스
트에서 확인할 수 있습니다.

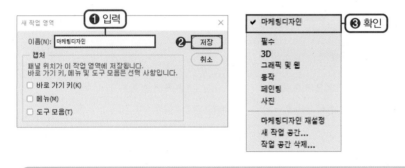

TIP 작업 영역 초기화

포토샵을 처음 실행했을 때의 작업 영역으로 돌아가고 싶다면 옵션 패널의 화면 아이콘(▣)을 클릭하여 [필수]를 클
릭한 후 [필수 재설정]을 한 번 더 클릭합니다.

포토샵 주요 패널 살펴보기

포토샵의 모든 메뉴를 달달 외우지 않아도 됩니다. 포토샵의 다양한 기능과 메뉴 중 자주 사용하는 기능만 알아도 충분합니다. 디자인 작업에서 자주 사용하는 패널과 메뉴를 소개하겠습니다. 작업 영역을 [필수]로 선택한 후 시작합니다.

도구 패널 한눈에 살펴보기

도구 패널의 맨 위 ① 화살표 아이콘(◀◀)을 클릭하면 도구 패널을 두 줄로 사용할 수 있습니다. 도구 아이콘 오른쪽 하단 모서리에 작은 화살표가 있는 경우 ② 해당 도구를 길게 클릭하면 도구 그룹을 볼 수 있습니다. 도구 그룹 목록에 표기된 ③ 알파벳은 해당 도구의 단축키이며 Shift와 함께 단축키 사용 시 그룹 내 도구로 이동이 가능합니다.

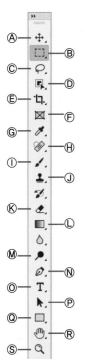

- Ⓐ 이동 도구: 개체 선택 및 이동 시 사용됩니다.
- Ⓑ 선택 윤곽 도구: 사각형 또는 원 모양으로 영역을 지정할 수 있습니다.
- Ⓒ 올가미 도구: 불규칙한 모양의 영역을 지정할 수 있습니다.
- Ⓓ 선택 도구: 이미지에서 피사체를 배경과 분리하여 선택해 줍니다.
- Ⓔ 자르기 도구: 작업 영역을 자르거나 확장할 수 있습니다.
- Ⓕ 프레임 도구: 이미지에서 프레임으로 지정한 영역만 보여집니다.
- Ⓖ 스포이드 도구: 클릭한 부분의 색상을 추출할 수 있습니다.
- Ⓗ 복구 브러시 도구: 점이나 잡티 제거 등 인물 보정 시 주로 사용합니다.
- Ⓘ 브러시 도구: 붓으로 그림을 그리듯이 사용할 수 있습니다.
- Ⓙ 복제 도장 도구: Alt로 복사할 영역을 선택한 후 원하는 지점을 클릭하여 복사합니다.
- Ⓚ 지우개 도구: 선택 영역의 색이나 이미지가 지워집니다.
- Ⓛ 그레이디언트 도구: 두 개 이상의 색상을 부드럽게 연결하여 채울 때 사용합니다.
- Ⓜ 닷지/번 도구: 이미지에서 드래그나 클릭한 영역이 밝아지고 어두워 집니다.
- Ⓝ 펜 도구: 불규칙한 모양을 그리거나 영역을 선택할 때 사용합니다.
- Ⓞ 문자 도구: 문자를 입력할 수 있습니다.
- Ⓟ 선택 도구: 패스 전체 또는 부분을 선택할 수 있습니다.
- Ⓠ 도형 도구: 사각형, 원, 다각형 등 도형을 만들 수 있습니다.
- Ⓡ 손 도구: 작업 영역이 클 때 화면을 이동할 수 있습니다.
- Ⓢ 돋보기 도구: 작업 영역을 확대하거나 축소시켜서 볼 수 있습니다.
- Ⓣ 전경색과 배경색 전환: 전경색과 배경색을 바꿀 수 있습니다.
- Ⓤ 전경색과 배경색: 전경색과 배경색을 확인하고 색상을 변경할 수 있습니다.
- Ⓥ 빠른 마스크 모드: 브러시로 영역을 선택할 수 있으며 선택되지 않은 부분은 빨간색으로 보여 줍니다.
- Ⓦ 화면 모드: 포토샵 화면 보기 방식을 선택할 수 있습니다.

TIP 도구 설명 창 끄기

포토샵을 처음 사용할 때 도구에 마우스를 오버하면 해당 도구와 관련한 설명이 나타납니다. 포토샵 초보자를 위한 기능으로 포토샵이 어느 정도 익숙해지면 설명 표시가 번거로울 수 있습니다. 상단 메뉴 ① [편집] 〉② [환경 설정] 〉③ [도구]에서 ④ [도구 설명 표시]를 체크 해제하면 도구 설명이 뜨지 않습니다.

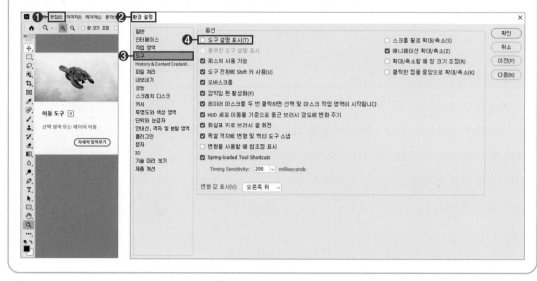

디자인 작업 시 자주 사용하는 패널

패널에서 ① 곡선 모양의 화살표 아이콘(🔄)을 클릭하면 작업 내역 패널이 열리며 이전 작업으로 돌아갈 수 있습니다. ② 속성 패널에서는 선택된 레이어의 속성을 확인하고 수정할 수 있습니다. ③ 레이어 패널에서는 작업 레이어를 모두 확인할 수 있으며 흔히 겹겹이 쌓은 셀로판지나 기름종이에 비유되곤 합니다. 레이어 패널의 가장 아래 레이어가 배경이 되며 레이어 패널에 쌓인 순서대로 캔버스에 보여집니다. ④ 레이어 이름을 더블 클릭하면 이름을 바꿀 수 있고 레이어 패널 하단 ⑤ fx 아이콘(fx.)을 클릭하면 레이어에 효과를 줄 수 있는 ⑥ 레이어 스타일 창이 뜹니다.

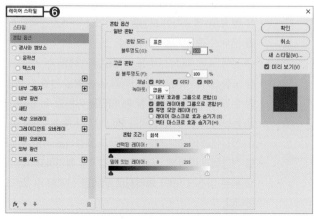

Lesson
03

이미지 불러오기와 파일 저장하기

본격적으로 디자인 작업을 시작하기 전에 포토샵에서 이미지 자료를 불러오는 방법과 다양한 형식으로 파일을 저장하는 방법을 알아보겠습니다.

이미지 불러오기

포토샵에서 이미지를 불러오는 경우는 크게 두 가지로 나눕니다. 작업 파일에 이미지를 삽입하는 경우와 사진 이미지를 열어 편집하는 경우입니다. 각각의 상황에 맞게 이미지를 불러오는 방법을 알아보겠습니다.

단독으로 이미지 불러오기

캔버스를 생성하지 않고 이미지를 불러오는 방법입니다. 포토샵 시작 화면에서 [열기] 또는 단축키 Ctrl + O 을 눌러 이미지를 불러오거나 편집할 이미지를 폴더에서 포토샵 화면으로 드래그합니다.

▲ 열기로 불러오기

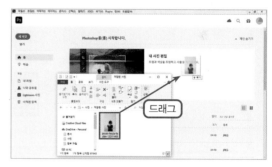

▲ 드래그하여 불러오기

작업 영역에 고급 개체로 이미지 삽입

이미지를 폴더에서 포토샵 작업 영역으로 드래그하면 고급 개체로 불러올 수 있습니다. 고급 개체를 이용하
면 이미지를 키우거나 줄이는 작업을 반복해도 품질 손상 없이 이미지를 편집할 수 있습니다. 고급 개체 레
이어의 경우 레이어 패널에 작은 문서 모양 아이콘(🗗)이 표시됩니다.

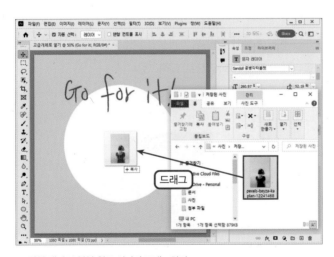

▲ 작업 캔버스 영역 위로 이미지 드래그하기

레이어 패널은 포토샵에서 필수로 사용하는 주요 패널로 기본적인 기능과 아이콘의 의미를 알아두는 것이 좋습니다.

① 혼합 모드: 두 개 이상의 레이어를 혼합할 수 있는 기능입니다.

② 불투명도: 레이어의 불투명도를 조절할 수 있습니다.

③ 자물쇠 아이콘(🔒): 레이어를 수정하지 못하도록 잠그는 기능입니다.

④ 문자 레이어: 문자 레이어의 섬네일은 'T' 모양으로 표현됩니다.

⑤ 고급개체 레이어: 고급개체의 경우 작은 문서모양 아이콘(📄)이 나타납니다.

⑥ 일반레이어: 일반레이어의 경우 별도의 아이콘은 나타나지 않습니다.

⑦ 눈 모양 아이콘(👁): 레이어 앞의 눈 모양 아이콘을 클릭하여 끄면 레이어를 숨길 수 있습니다.

⑧ 모양 레이어: 모양 레이어의 경우 작은 사각형 모양 아이콘(🔲)이 나타납니다.

일반레이어로 이미지 삽입

고급개체가 아닌 일반레이어로 이미지를 삽입하고 싶다면 작업 영역 바깥으로 이미지를 드래그한 후 탭을 분리하여 작업 영역 위로 드래그합니다. 일반레이어의 경우 이미지를 축소한 후 확대하면 이미지가 흐릿하게 깨질 수 있습니다.

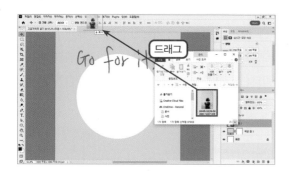

▲ 작업 영역 바깥으로 드래그

▲ 탭 분리 후 작업 영역 위로 드래그

작업하는 캔버스가 두 개 이상일 경우 각 캔버스의 제목 부분을 붙여서 탭 형식으로 사용 가능합니다. 따로 분리하고 싶다면 캔버스의 제목 부분을 원하는 위치로 드래그하여 떼어 줍니다.

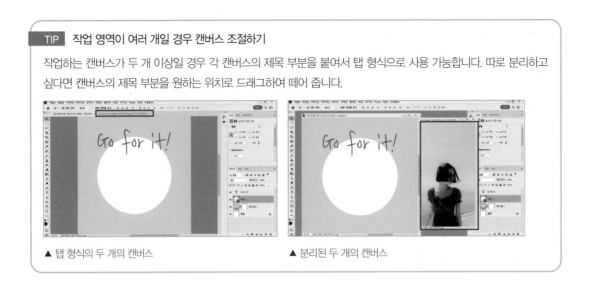

▲ 탭 형식의 두 개의 캔버스　　　　　　　　　　▲ 분리된 두 개의 캔버스

원본 파일 저장하기

포토샵의 파일 저장 형식에는 포토샵 파일로 저장할 수 있는 PSD와 작업 결과물을 이미지로 저장할 수 있는 JPG, PNG 등의 파일이 있습니다. 작업 원본 파일인 PSD는 수정이 가능한 파일이며 JPG, PNG 등 이미지로 저장한 파일은 업로드 후 웹 화면에서 확인할 수 있습니다.

01 작업이 완료되었거나 작업 중인 파일은 이후 수정이나 추가 작업을 위해 원본 파일을 저장합니다. 원본 파일 저장은 상단 메뉴에서 ① [파일] 〉 ② [저장] 또는 단축키 Ctrl + S 를 눌러 줍니다. 저장 위치 여부를 묻는 창에서 내 컴퓨터에 저장을 원한다면 [내 컴퓨터에서]를 클릭하고, 어도비 클라우드에 저장을 원한다면 [저장]을 클릭합니다. 책에서는 ③ [내 컴퓨터에서]를 클릭하겠습니다.

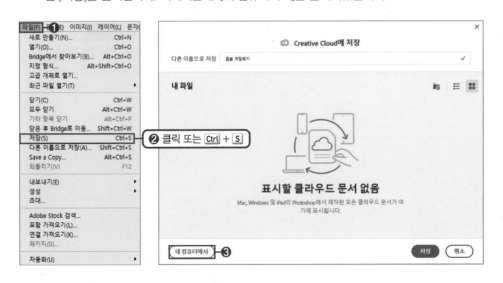

02 다른 이름으로 저장 창에서 ① 파일 형식을 [PSD]로 선택한 후 ② [저장]을 클릭합니다.

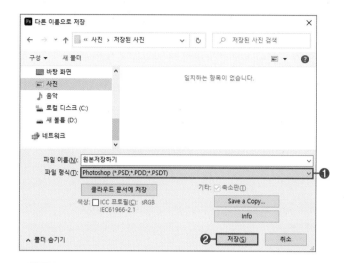

TIP **내 컴퓨터에 저장할 때 저장 위치 설정**

01 파일을 항상 내 컴퓨터에 저장할 경우 저장 위치 여부를 묻는 창이 뜨지 않게 설정할 수 있습니다. ① 단축키 Ctrl + K 를 눌러 환경 설정 창을 열고 ② [파일 처리]를 선택합니다. ③ 기본 파일 위치를 [컴퓨터에서]로 선택한 후 ④ [확인]을 클릭합니다.

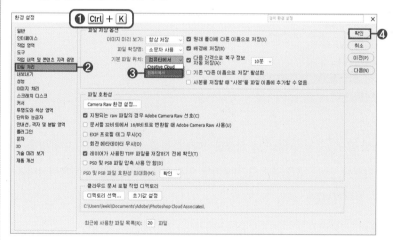

02 다른 프로그램 및 다른 버전과의 호환성을 위해 Photoshop 형식 옵션 창이 뜰 경우 ① [호환성 최대화]를 체크한 상태에서 ② [확인]을 클릭합니다. [다시 표시 안 함]에 체크하면 다음엔 해당 내용의 창이 뜨지 않습니다.

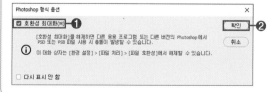

이미지 파일로 저장하기

포토샵에서 작업한 결과물을 웹이나 모바일 화면에서 확인하려면 이미지 파일로 저장해야 합니다. 이미지 파일로 저장하는 방법은 여러 가지가 있습니다. 그중 가장 많이 사용하는 방법 두 가지를 소개합니다.

웹용으로 저장

상단 메뉴 ① [파일] > ② [내보내기] > ③ [웹용으로 저장]을 선택합니다. 단축키는 Alt + Shift + Ctrl + S 입니다.

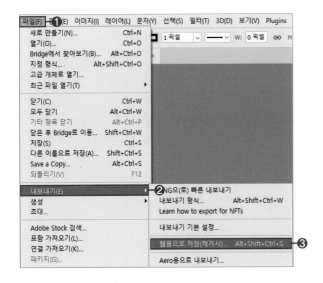

파일 형식에서 ① [JPG]를 선택한 후 ② 품질을 80으로 설정합니다. 품질을 낮출수록 이미지 용량을 줄일 수 있으며 '60~80' 정도를 추천합니다. 너무 낮은 품질로 저장하면 이미지가 깨져 보일 수 있으니 참고하세요. 품질을 설정한 후 ③ [저장]을 클릭합니다.

내보내기 형식

이미지 저장 시 자주 사용되는 방법은 앞에서 소개했던 '웹용으로 저장하기' 외에 '내보내기 형식'이 있습니다. 내보내기 형식은 상단 메뉴 [파일] 〉 [내보내기] 〉 [내보내기 형식] 또는 ① 단축키 Alt + Shift + Ctrl + W를 눌러 줍니다. ② 원하는 파일 형식과 품질을 설정한 후 ③ [내보내기]를 클릭하면 이미지가 저장됩니다.

작업하기 전에   파일 형식 알아두기

- PSD: 포토샵으로 작업한 원본 파일이며 디자인 수정이 가능합니다.
- JPG: 보편적으로 사용하는 이미지 파일 형식입니다.
- PNG: 투명 이미지로 저장할 때 주로 사용합니다.
- GIF: 흔히 움짤이라고 불리는 움직이는 이미지 파일 형식입니다.

Lesson
04
이미지와 캔버스 사이즈 조절하기

캔버스에 알맞은 사이즈로 이미지를 삽입하거나 상세페이지를 작업할 때 캔버스의 세로 사이즈를 조절해야 하는 경우가 종종 있습니다. 포토샵에서 간단하게 이미지와 캔버스의 사이즈를 조절하는 방법을 알아보겠습니다.

이미지 사이즈 조절하기

이미지를 편집할 때 이미지 사이즈를 변경하는 작업에서 이미지를 줄였다가 다시 키우면 이미지의 품질이 저하될 수 있으므로 주의해야 합니다.

불러온 이미지의 사이즈 조절

포토샵 시작 화면에서 [열기] 또는 Ctrl + O로 이미지를 불러 온 후 해당 이미지의 사이즈를 변경하려 합니다. 상단 메뉴 ① [이미지] 〉 ② [이미지 크기]를 선택합니다. 단축키는 Alt + Ctrl + I입니다. 이미지 크기 창에서 변경할 ③ 폭과 높이 값을 입력하고 ④ [확인]을 클릭합니다.

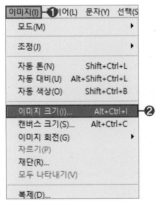
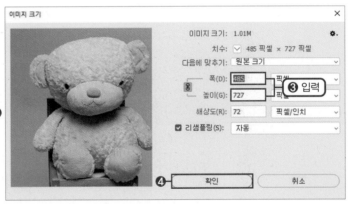

TIP 가로, 세로 동일 비율로 변경하기

폭과 높이의 값을 입력하는 칸 왼쪽에 사슬 모양의 아이콘(⑧)이 있습니다. 해당 아이콘이 선택된 상태에서는 폭과 높이 중 하나의 값만 입력해도 나머지 값이 동일 비율로 조절됩니다. 일반적으로 해당 아이콘이 선택된 상태에서 사이즈를 조절합니다.

작업 캔버스에 삽입된 이미지의 사이즈 조절

작업하는 캔버스에 삽입된 이미지의 사이즈를 조절할 경우 해당 이미지의 레이어를 선택한 후 Ctrl + T를 눌러 줍니다. 이미지 외곽에 조절점을 포함한 테두리가 생기면 테두리에 마우스를 오버한 후 드래그하여 이미지 사이즈를 조절합니다. 이때 Alt를 함께 누르면 이미지 가운데를 중심으로 사이즈가 변경됩니다. 원하는 만큼 사이즈를 조절하였다면 Enter를 눌러 마무리하고 도구 패널에서 [이동 도구(✛)]를 클릭한 후 원하는 위치로 이미지를 옮겨 줍니다.

▲ 사이즈 변경 전

▲ Alt를 함께 눌렀을 경우

▲ Alt를 누르지 않았을 경우

TIP 레이어 선택 옵션

도구 패널의 [이동 도구(✛)]를 선택한 후 상단 옵션 패널에서 자동 선택에 체크하고 레이어를 선택하면 작업 영역에서 원하는 레이어를 바로 선택할 수 있습니다.

작업 중인 캔버스 사이즈 조절하기

새 문서를 만들 때 캔버스의 사이즈를 설정하지만 작업 중 캔버스의 사이즈를 변경해야 하는 경우도 있습니다. 이미 생성된 캔버스의 사이즈를 수정하는 방법을 알아보겠습니다.

자르기 도구 사용

도구 패널에서 ① [자르기 도구(🔲)]를 클릭합니다. 캔버스 외곽에 테두리가 생기면 ② 원하는 위치에 마우스를 오버하여 드래그한 후 ③ Enter 를 눌러 마무리합니다.

캔버스 사이즈 창에 값을 넣어 조절

상단 메뉴 [이미지] 〉 [캔버스 사이즈] 또는 단축키 Alt + Ctrl + C 를 누릅니다. 캔버스 사이즈 창이 뜨면 원하는 만큼 값을 입력하여 사이즈를 조절합니다.

기준에서 방향을 정해 캔버스 사이즈를 변경하는 방법

캔버스 사이즈를 조절할 때 이미지의 전체적인 사이즈를 조절하는 것이 아니라 한 방향으로만 사이즈를 조절하고 싶다면 [기준]에서 고정을 원하는 위치의 화살표를 선택하면 됩니다. 만약 오른쪽으로만 캔버스 사이즈를 늘리고 싶다면 왼쪽을 향하는 화살표를 선택합니다. 고정할 부분의 화살표가 생략되고 오른쪽에 세 칸으로 이루어진 한 줄의 여백이 생겼습니다. 이 여백이 캔버스 사이즈 변경이 적용될 부분입니다. 왼쪽 부분은 고정한 채로 캔버스 사이즈가 변경되었습니다.

▲ [기준]에서 왼쪽 부분 고정   ▲ 왼쪽을 고정 후 캔버스 사이즈를 변경

Chapter

03

포토샵이 익숙하지 않은 상태에서는 이미지를 보정하거
나 합성하는 작업이 어렵게 느껴질 수 있습니다. 하지만
이미지 보정이나 합성 작업의 과정을 알고 나면 의외로
간단한 기능이라는 것을 알 수 있습니다. 따라 하기 쉽
고 유용하게 사용되는 핵심 기능을 소개합니다.

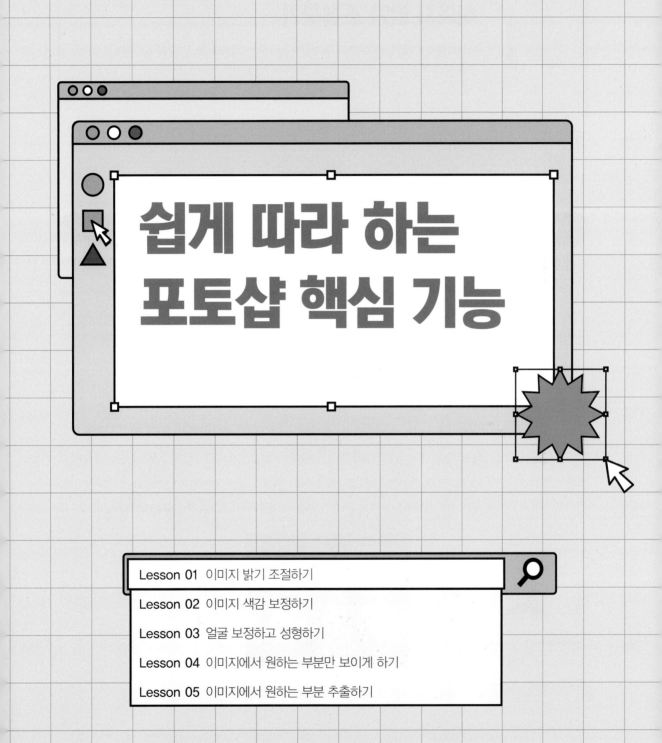

쉽게 따라 하는
포토샵 핵심 기능

Lesson

01

이미지 밝기 조절하기

포토샵에서 이미지를 보정할 때 밝기만 조절해도 큰 효과를 볼 수 있습니다. 어떻게 이미지를 보정해야 할지 잘 모르겠다면 먼저 이미지의 밝기를 조절해 보세요.

레벨과 곡선 기능으로 밝기 조절하기　　📁 예제 파일 | Ch03\01\예제\에펠탑.jpg ● ● ●

이미지의 밝기를 조절할 때 자주 사용하는 기능으로 레벨과 곡선이 있습니다. 레벨은 곡선에 비해 조작 방법이 단순하고, 곡선은 레벨보다 이미지의 톤을 세분화하여 보정할 수 있습니다. 레벨과 곡선 기능 모두 조절 창에서 [자동]을 눌러 자동 보정이 가능하지만 이미지에 따라 적절하지 않을 수 있기 때문에 수동으로 조절하는 방법을 알고 있는 것이 좋습니다.

세 개의 조절점으로 밝기를 조절하는 레벨 　▶ https://youtu.be/lSrxSsjhbjl

포토샵 실행 후 Ctrl + O로 예제 이미지 에펠탑.jpg를 불러옵니다. 메뉴의 [이미지] > [조정] > [레벨] 또는 단축키 Ctrl + L로 레벨 창을 엽니다. 입력 레벨 부분에 화살표 모양의 조절점 세 개가 보입니다. 왼쪽 조절점부터 이미지의 어두운 값, 중간 값, 밝은 값을 나타냅니다. 조절점을 오른쪽으로 이동하면 이미지가 어두워지고 왼쪽으로 이동하면 밝아집니다. 세 개의 조절점 사용이 어렵다면 가운데 조절점만 조절합니다.

▲ 원본 이미지

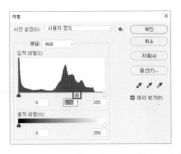

▲ 가운데 조절점을 오른쪽으로 이동한 이미지

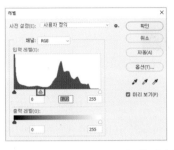

▲ 가운데 조절점을 왼쪽으로 이동한 이미지

조절점을 추가해서 밝기를 조절하는 곡선

메뉴의 [이미지] 〉 [조정] 〉 [곡선] 또는 단축키 Ctrl + M 으로 곡선 창을 엽니다. 오른쪽 위 조절점을 왼쪽으로 이동하면 이미지의 밝은 부분부터 밝아지고 왼쪽 아래 조절점을 오른쪽으로 당기면 이미지의 어두운 부분부터 어두워집니다. 두 조절점을 함께 사용해도 됩니다.

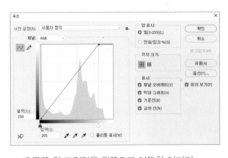

▲ 오른쪽 위 조절점을 왼쪽으로 이동한 이미지

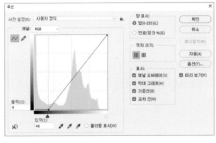

▲ 왼쪽 아래 조절점을 오른쪽으로 이동한 이미지

선 사이 사이를 클릭하면 조절점이 추가되며 디테일한 보정이 가능합니다. 아래 이미지처럼 두 개의 조절점을 추가하여 완만한 S자 모양을 만들면 밝은 부분은 더 밝게, 어두운 곳은 더 어둡게 만들어 이미지의 대비를 높여 줍니다.

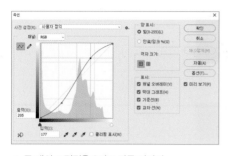

▲ 두 개의 조절점을 S자로 만든 이미지

곡선 기능이 어렵다면 가운데 조절점만 드래그하여 사용해도 됩니다. 가운데 조절점을 10시에서 11시 방향으로 당기면 이미지가 밝아지며 반대 방향인 4시에서 5시 방향으로 당기면 어두워집니다. 곡선은 약간만 조절하여도 이미지의 변화가 크기 때문에 조금씩 조절하면서 원하는 밝기로 맞춰 줍니다.

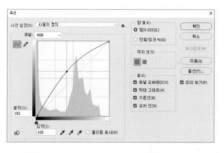

▲ 가운데 조절점을 10시 ~ 11시 방향으로 당긴 이미지

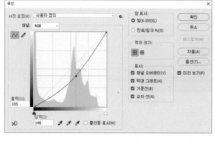

▲ 가운데 조절점을 4시 ~ 5시 방향으로 당긴 이미지

TIP **이미지의 대비**

이미지의 밝은 부분은 더 밝게, 어두운 부분은 더 어둡게 보정할수록 대비가 높아지며 적당한 대비는 이미지를 선명하고 또렷하게 만들어 줍니다.

레이어 혼합 모드로 밝기 조절하기

📁 예제 파일 | Ch03\01\예제\혼합 모드.jpg ● ● ●

레이어 패널에 혼합 모드 옵션은 여러 장의 레이어를 혼합해 다양한 느낌을 줄 수 있습니다. 원본 레이어를 복사하고 두 장의 레이어 중 위에 있는 레이어에 혼합 모드를 사용하면 두 레이어를 혼합한 결과를 볼 수 있습니다.

01 단축키 Ctrl + O를 눌러 **혼합모드.jpg** 예제 이미지를 불러옵니다.

02 이미지를 불러온 후 레이어 패널에서 ① 배경 레이어를 아래 + 아이콘(⊞)으로 드래그하여 복사합니다. '배경 복사' 레이어가 선택된 상태에서 ② 혼합 모드 옵션 항목을 클릭합니다.

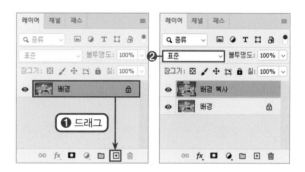

03 ① [스크린]을 선택한 후 ② 불투명도를 80%로 설정해 원하는 밝기로 조절합니다.

TIP **혼합 모드 그룹**

그룹별로 유사한 혼합 모드가 모여 있습니다. '어둡게 하기'가 포함된 그룹은 이미지를 어둡게 혼합하고, '밝게 하기'가 포함된 그룹은 이미지를 밝게 혼합합니다. 이미지의 대비를 높이고 싶다면 '오버레이'가 포함된 그룹을 선택해도 좋습니다. 나머지 옵션들도 한 번씩 선택해 보며 결과를 비교해 보세요.

Lesson
02 이미지 색감 보정하기

포토샵에서 이미지의 색감을 보정하는 방법은 여러 가지가 있습니다. 제공되는 예제 파일로 직접 따라 해 보며 이미지의 색감을 어떻게 보정하는지 연습해 보세요.

포토 필터로 색 온도 조절하기 ● ● ●

날씨나 조명의 영향으로 이미지의 색 온도가 지나치게 높거나 낮을 수 있습니다. 이런 이유로 이미지를 사용하지 못한다면 매우 비효율적입니다. 포토샵에서 색 온도를 보정하여 이미지의 분위기를 바꾸는 방법을 알아보겠습니다.

색 온도 낮추기 ▶ https://youtu.be/42uPevMsuBA   📁 예제 파일 | Ch03\02\예제\색온도낮추기.jpg

01 색 온도가 높아 전체적으로 노르스름하게 보이는 이미지를 보정하겠습니다. 포토샵 실행 후 Ctrl + O 로 예제 이미지 **색온도낮추기.jpg**를 불러옵니다. 메뉴의 ① [이미지] 〉② [조정] 〉③ [포토 필터]를 클릭합니다.

02 포토 필터 창에서 이미지에 적절한 필터 옵션을 선택합니다. 예제에서는 ① Cooling Filter(80)을 선택하고 ② 밀도를 50%로 설정한 후 ③ [확인]을 클릭합니다.

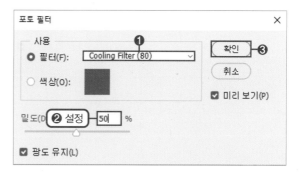

03 포토 필터를 사용해 색 온도를 낮춰 이미지의 분위기를 바꿔주었습니다.

▲ 포토 필터 적용 전

▲ 포토 필터 적용 후

색 온도 높이기

📁 예제 파일 | Ch03\02\예제\색온도높이기.jpg

01 이번에는 차가운 느낌이 드는 이미지의 색 온도를 높여 보겠습니다. Ctrl + O로 예제 이미지 **색온도높이기.jpg**를 불러옵니다. 메뉴의 ① [이미지] 〉 ② [조정] 〉 ③ [포토 필터]를 선택합니다.

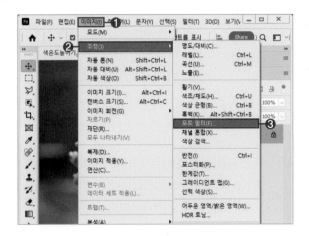

02 옵션에서 ① Warming Filter(85)를 선택하고 ② 밀도를 80%로 설정한 후 ③ [확인]을 클릭합니다.

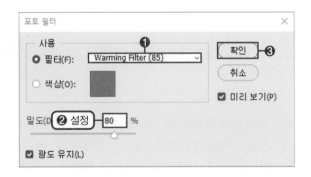

03 포토 필터를 사용해 색 온도를 높여 이미지의 분위기를 바꿔주었습니다.

▲ 포토 필터 적용 전   ▲ 포토 필터 적용 후

활기로 이미지를 선명하게 보정하기   📁 예제 파일 | Ch03\02\예제\바나나.jpg ● ● ●

평범한 이미지의 색상을 또렷하고, 선명하게 보정하여 생생한 분위기로 바꿀 수 있습니다. 특히 식품 이미지의 경우 더욱 먹음직스럽고 신선하게 보정할 수 있습니다. 포토샵 활기 기능으로 흐릿한 바나나의 색상을 선명하게 보정해 보겠습니다.

01 포토샵 실행 후 [Ctrl] + [O]로 예제 이미지 바나나.jpg를 불러옵니다. 메뉴의 ① [이미지] 〉 ② [조정] 〉 ③ [활기]를 선택합니다.

02 활기 창이 열리면 ① 활기 값을 60, 채도 값을 40으로 입력하여 색상을 선명하게 만들어 주고 ② [확인]을 클릭합니다.

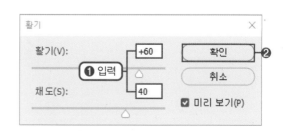

03 활기를 사용해 흐릿한 바나나의 색상을 선
명하게 만들어 먹음직스럽게 보정하였습
니다.

▲ 활기 적용 전   ▲ 활기 적용 후

색조/채도로 이미지 색감 바꾸기

포토샵에서 이미지의 전체적인 색감이나 특정 부분의 색을 변경할 때는 주로 색조와 채도를 사용합니다. 색
조/채도는 다양한 색상의 제품 이미지를 보정할 때 유용하게 사용할 수 있습니다. 두 가지 예시를 통해 이미
지의 전체 색감을 바꾸는 방법과 특정 색상을 바꾸는 방법을 알아보겠습니다.

이미지 전체 색감 변경

📁 예제 파일 | Ch03\02\예제\양말.jpg

01 포토샵 실행 후 Ctrl + O로 예제 이미지 양
말.jpg를 불러옵니다. 메뉴의 ① [이미지] 〉
② [조정] 〉 ③ [색조/채도] 또는 단축키 Ctrl
+ U를 누릅니다.

02 옵션 항목이 마스터일 때는 이미지의 전체 색감을 바꿀 수 있습니다. 색조의 조절점을 왼쪽, 오른쪽으로 이동하면 이미지 전체의 색감이 변경됩니다. 변경된 색상을 좀 더 강하게 표현하고 싶다면 채도의 조절점을 오른쪽으로 이동합니다. 반대로 색상을 차분하게 표현하고 싶다면 채도의 조절점을 왼쪽으로 이동합니다. 채도 값이 −100이 되면 흑백으로 변경됩니다.

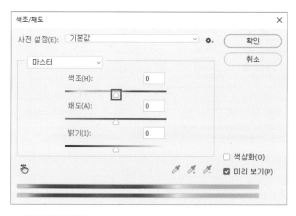

▲ 색조 값이 0일 때

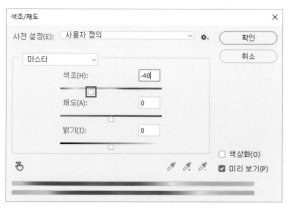

▲ 색조 값이 −40일 때

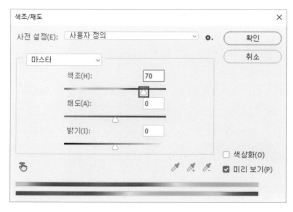

▲ 색조 값이 70일 때

이미지에서 특정 색상 변경

📁 예제 파일 | Ch03\02\예제\종이배.jpg

01 위 예시에서 이미지의 전체 색감을 바꿨다면 이번에는 옵션을 변경하여 원하는 색상으로 변경하겠습니다. Ctrl + O로 예제 이미지 종이배.jpg를 불러옵니다. ① 단축키 Ctrl + U를 눌러 색조/채도 창을 연 후 옵션 항목에서 ② 빨강 계열을 선택합니다.

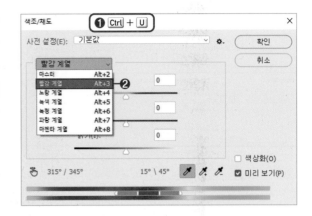

> **TIP** 어떤 옵션을 선택해야 할지 모르겠다면 임의의 옵션 항목을 선택한 후 스포이드 아이콘(🖋)을 선택합니다. 스포이드로 이미지에서 색상을 변경하려는 부분을 클릭하면 자동으로 옵션 항목이 선택됩니다.

02 옵션을 선택하고 ① 색조 값을 33으로 입력한 후 ② [확인]을 클릭합니다.

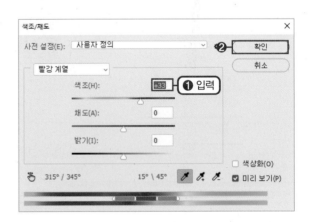

03 예시 이미지에서 빨간색 종이배의 색상을 변경하였습니다.

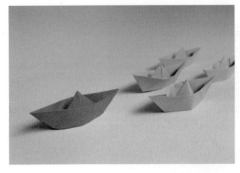

▲ 색조 적용 전

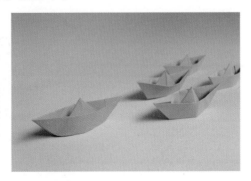

▲ 색조 적용 후

이미지 색감 자동으로 보정하기

포토샵에서 이미지의 색감을 자동으로 보정할 수 있습니다. 포토샵의 기능과 메뉴가 익숙하지 않아 색감 보정이 어려울 때 유용하게 활용할 수 있습니다.

01 포토샵 실행 후 Ctrl + O 로 예제 이미지 **자동보정.jpg**를 불러옵니다. 메뉴의 ① [이미지] 선택 후 ② [자동 톤] 〉 ③ [자동 대비] 〉 ④ [자동 색상]을 차례로 선택하면 자동으로 보정할 수 있습니다. 단축키 Shift + Ctrl + L , Alt + Shift + Ctrl + L , Shift + Ctrl + B 를 누르면 편리합니다. 세 가지 기능 중 필요한 효과만 적용하는 것도 가능합니다.

02 포토샵의 자동 보정으로 이미지를 수정하였습니다.

▲ 자동 보정 적용 전　　　　▲ 자동 보정 적용 후

TIP　**카메라 로우 필터(Camera Raw Filter)**

메뉴의 [필터] 〉 [Camera Raw Filter]나 단축키 Shift + Ctrl + A 를 누르면 다양한 이미지 보정 기능을 사용할 수 있는 창이 열립니다. 기능이 너무 많아 복잡하게 느껴질 수 있으나 이미지 보정에 필요한 대부분의 작업이 가능하니 한 번쯤 사용해 보는 것을 추천합니다.

Lesson

03 얼굴 보정하고 성형하기

포토샵으로 피부를 보정하고 이미지를 성형하는 것을 많이 봐 왔을 겁니다. 생각보다 간단한 방법으로 진행되어 초보자도 충분히 작업할 수 있습니다. 얼굴이 너무 어색해지지 않도록 자연스럽게 보정하는 것이 좋습니다.

얼굴 잡티 제거하기　　　📁 예제 파일 | Ch03\03\예제\잡티제거.jpg ● ● ●

스팟 복구 브러시 도구와 패치 도구를 사용해 이미지에서 잡티를 제거하는 방법을 알아보겠습니다.

스팟 복구 브러시 도구로 잡티 제거하기　▶ https://youtu.be/kAY4Il5OxeY

01 단축키 Ctrl + O로 예제 이미지 **잡티제거.jpg**를 열고 도구 패널에서 ① [스팟 복구 브러시 도구(🖌)]를 선택합니다. 이미지에 동그란 원이 보이면 키보드의 대괄호를 이용하여 ② 없애려는 잡티보다 살짝 큰 사이즈로 조절합니다. ③ 잡티를 클릭하여 지워 줍니다.

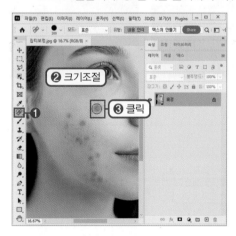

▲ 스팟 복구 브러시 도구 사용 전

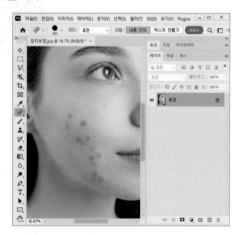

▲ 스팟 복구 브러시 도구 사용 후

> **TIP**　브러시 사이즈를 조절하는 단축키
>
> 오른쪽 대괄호]는 브러시의 사이즈를 키워주고, 왼쪽 대괄호 [는 브러시 사이즈를 줄여 줍니다. 대괄호는 브러시 형태의 도구를 사용할 때 공통으로 사용하는 단축키입니다.

패치 도구로 잡티 제거

01 패치 도구는 없애고자 하는 잡티가 밀집되어 있거나 부위가 넓을 때 사용할 수 있습니다. 도구 패널에서 ① [스팟 복구 브러시 도구(⬚)]를 길게 클릭한 후 ② [패치 도구(⬚)]를 선택합니다.

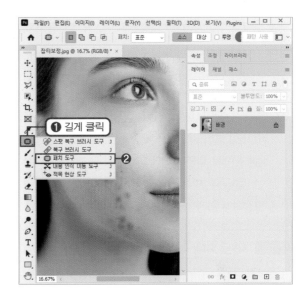

02 잡티가 모여 있는 부위를 ① 원을 그리듯 선택한 후 점선으로 영역이 선택되면 ② 깨끗한 피부 쪽으로 드래그합니다.

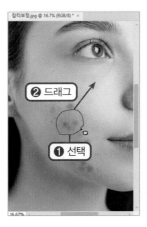

▲ 패치 도구 사용 전

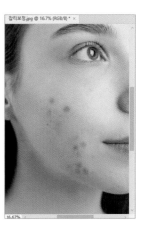

▲ 패치 도구 사용 후

치아 미백하기

📁 예제 파일 | Ch03\03\예제\치아미백.jpg ● ● ●

닷지 도구로 이미지에서 어두운 부분을 밝게 만들고 스펀지 도구로 이미지의 채도를 낮추거나 높일 수 있습니다. 닷지 도구와 스펀지 도구를 사용해 예제 이미지에서 치아를 미백하는 방법을 알아보겠습니다.

▶ https://youtu.be/usY5BxrLn4A

01 단축키 `Ctrl` + `O`로 예제 이미지 **치아미백.jpg**를 열고 보정할 치아가 잘 보이도록 도구 패널의 ① [돋보기 도구(🔍)] 또는 단축키 `Ctrl` + `+`로 화면을 확대합니다. 도구 패널의 ② [손 도구(✋)] 또는 `Space bar`를 누른 상태에서 화면을 드래그하여 치아 부분을 보정하기 쉽게 가운데로 옮겨 줍니다.

> **TIP** 화면을 확대, 축소하는 방법
>
> 돋보기 도구로 작업 영역을 크게 키워 작업할 수 있습니다. 화면을 키우거나 줄일 때는 도구 패널에서 [돋보기 도구(🔍)]를 선택한 후 옵션 패널에서 돋보기 아이콘(🔍 🔍)을 선택합니다. 단축키 `Ctrl` + `+`, `Ctrl` + `-` 또는 `Alt`를 누른 상태에서 마우스 휠을 굴려서 사용하면 편리합니다.
>
>

02 도구 패널의 ① [닷지 도구(🔍)]를 선택한 후 키보드 대괄호로 브러시 사이즈를 치아와 비슷하게 조절하고 ② 마우스로 치아를 드래그하거나 클릭합니다. 치아가 어느 정도 밝아졌으면 [닷지 도구(🔍)]를 길게 클릭해 ③ [스폰지 도구(⬤)]를 선택한 후 옵션 패널에서 모드를 ④ [채도 감소]로 설정하고 노란색으로 남아 있는 치아 부분을 ⑤ 마우스로 드래그하여 문질러 줍니다.

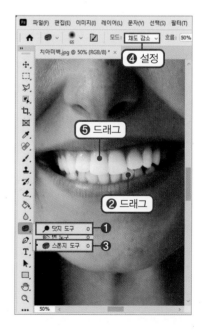

> **TIP** 작업 내역 되돌리기
>
> 작업 중 실수로 다른 부분을 클릭한 경우 이전 단계로 되돌릴 수 있습니다. 작업 내역 패널에서 수정할 작업을 찾아 클릭하거나 단축키 Ctrl + Z를 누르면 누른 횟수만큼 이전 작업으로 돌아갑니다. 작업 내역 패널이 보이지 않는 경우 메뉴의 [창 〉 작업 내역]을 선택합니다.

포토샵으로 성형하기 ● ● ●

01 성형할 이미지를 열고 메뉴의 ① [필터] 〉 ② [픽셀 유동화]를 선택합니다.

02 오른쪽 항목 눈, 코, 입, 얼굴 모양의 수치를 조절합니다. ① 얼굴 부분에 마우스를 오버하면 흰색 조절점과 선이 생기며 드래그하여 수정할 수 있습니다. 초기 상태로 돌리고 싶다면 ② [재설정]을 클릭합니다. 특정 부분만 원래 상태로 돌리고 싶다면 ③ 해당 항목의 수치를 0으로 입력합니다.

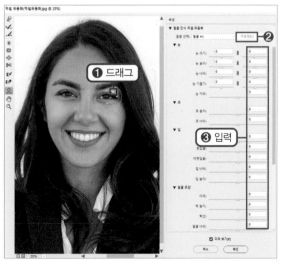

뉴럴 필터로 피부 보정하기

포토샵을 정기 구독하면 뉴럴 필터로 피부 보정을 편리하게 작업할 수 있습니다. 이미지를 불러온 후 메뉴의 [필터] 〉 [Neural Filters]를 선택합니다. 다운로드 아이콘(☁)을 눌러 사용할 필터를 다운로드합니다. ① [피부를 매끄럽게] 항목을 활성화하여 ② 흐림효과(흐리게)와 평활도(매끄럽게)를 조절하면 피부를 보정할 수 있습니다. 재미있는 기능들이 많으니 나머지 항목들도 한 번씩 적용해 보세요.

▲ 뉴럴 필터 창

이미지에서 원하는 부분만 보이게 하기

포토샵에서 이미지를 편집할 때 원하는 부분만 보이도록 하는 다양한 방법이 있습니다. 프레임 도구, 클리핑 마스크, 레이어 마스크를 사용해 이미지에서 원하는 부분만 보이게 편집하는 방법을 알아보겠습니다.

프레임 도구 사용하기

📁 예제 파일 | Ch03\04\예제\고양이.jpg ● ● ○ ○

프레임 도구는 간편하게 마스크를 적용할 수 있는 기능으로 최근에 추가되었습니다. 프레임 도구를 사용하여 사각형이나 원형 모양으로 이미지를 편집하는 방법을 알아보겠습니다. 포토샵에서 단축키 [Ctrl] + [N]을 눌러 캔버스를 생성한 후 도구 패널에서 ① [프레임 도구(⊠)]를 클릭합니다. ② 옵션 패널에서 사각형과 원형 중 원하는 모양을 선택하고 ③ 적당한 사이즈로 드래그합니다. [Shift]를 누르면 정비례로 도형을 그릴 수 있습니다.

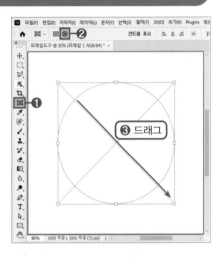

생성된 프레임 위로 예제 이미지 고양이.jpg를 드래그하면 프레임의 모양에 맞춰 이미지가 편집됩니다.

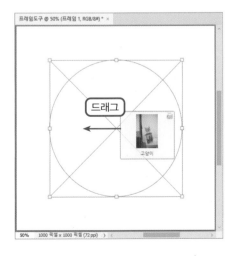

클리핑 마스크 사용하기   📁 예제 파일 | Ch03\04\예제\클리핑마스크.jpg ● ● ●

클리핑 마스크는 지정한 영역 안에 원하는 이미지를 넣을 수 있는 기능으로 문자나 다각형의 도형 등 다양한
형태로 이미지를 편집할 때 사용할 수 있습니다. 클리핑 마스크를 사용하기 위해서는 두 개의 레이어가 필요
하며 레이어 패널에서 이미지 레이어 아래 편집할 모양의 레이어를 놓고 두 레이어 사이에서 Alt 를 누른 채
클릭하면 클리핑 마스크가 적용됩니다. 아래 예시에서는 예제 이미지 클리핑마스크.jpg를 불러와 이미지 레
이어 아래 SNS 마케팅 문자 레이어를 두고 클리핑 마스크를 적용했습니다.

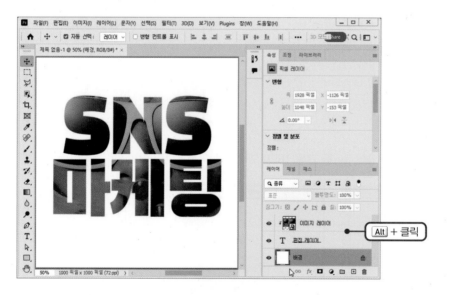

레이어 마스크 사용하기

📁 예제 파일 | Ch03\04\예제\레이어마스크.jpg ● ● ●

레이어에 마스크를 적용하면 이미지에서 원하지 않는 부분을 숨길 수 있습니다. 예제 이미지 레이어마스크.jpg를 불러옵니다. ① '레이어마스크' 레이어를 선택한 후 ② 레이어 마스크 아이콘(▣)을 클릭합니다. 레이어에 마스크 섬네일이 선택된 상태에서 ③ [브러시 도구(🖌)]를 선택하고 ④ 전경색을 검은색으로 설정해 이미지에서 안 보이게 할 부분을 칠하면 검은색으로 칠한 부분이 지워진 것을 확인할 수 있습니다. 지워진 부분을 다시 보이게 하고 싶다면 전경색을 흰색으로 설정하고 브러시로 칠하면 됩니다.

Lesson
05
이미지에서 원하는 부분 추출하기

이미지에서 원하는 부분만 추출하는 방법에 대해 알아보겠습니다. 주로 배경 제거 및 합성을 위한 작업이며 별칭으로 일본어의 잔재인 '누끼딴다'라는 표현을 사용하고 있기도 합니다. 포토샵이 능숙한 디자이너의 경우 펜 도구를 많이 사용하나 책에서는 포토샵 입문자에게 적합한 방법을 소개합니다.

클릭 한 번으로 배경 제거하기
📁 예제 파일 | Ch03\05\예제\이미지추출1.jpg ●●●

속성 패널의 빠른 작업 메뉴로 빠르게 이미지의 배경을 제거할 수 있습니다. 비교적 배경과 인물이 깔끔하게 촬영된 이미지에서 사용하기 좋은 방법입니다.

배경 제거 ▶ https://youtu.be/12pp9A1SRD8

예제 이미지 이미지추출1.jpg를 불러온 후 배경 레이어의 ① 자물쇠 아이콘(🔒)을 눌러 잠금을 해제합니다. 속성 패널 하단에 있는 빠른 작업 메뉴에서 ② [배경 제거]를 클릭하면 배경을 제거할 수 있습니다. 포토샵에서 이미지가 투명한 상태임을 나타내는 바둑판 무늬로 배경이 바뀌었습니다.

피사체 선택

이번에는 배경 제거가 아닌 피사체 영역을 선택하겠습니다. 이미지를 불러온 상태에서 배경 레이어의 자물쇠 아이콘(🔒)을 눌러 잠금을 해제합니다. 속성 패널 하단의 빠른 작업 메뉴에서 [피사체 선택]을 클릭하면 선택된 부분의 영역이 점선으로 반짝거립니다. Ctrl + C, Ctrl + V를 차례대로 누르면 선택 영역만 복사된 레이어가 생성됩니다.

선택 영역이 복잡하다면 ① [개체 선택 도구(📱)], [빠른 선택 도구(🖌)], [자동 선택 도구(🪄)] 중 하나를 클릭하고 옵션 패널의 ② [피사체 선택] 옵션 중 ③ [클라우드(자세한 결과)]를 선택한 후 ④ [피사체 선택]을 확인합니다. 해당 기능은 시간이 좀 더 오래 걸리지만 복잡한 부분을 세밀하게 선택할 수 있습니다.

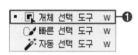

TIP 배경이 투명한 상태로 저장하기

배경이 투명한 상태로 이미지를 저장하고 싶다면 파일을 저장할 때 파일 형식을 PNG로 설정합니다. 파일을 이미지로 저장할 때 사용하는 단축키는 Alt + Shift + Ctrl + W입니다.

선택 도구로 원하는 부분 추출하기 ● ● ● ●

이미지에 피사체가 여러 개 있을 경우 선택 도구를 사용하면 원하는 부분만 수월하게 선택할 수 있습니다.

개체 선택 도구

📁 예제 파일 | Ch03\05\예제\이미지추출2.jpg

이미지추출2.jpg 예제 이미지를 불러온 후 도구 패널의 [개체 선택 도구(⬚)]를 클릭합니다. 이미지에서 추출하고 싶은 영역을 마우스 오버하면 선택 영역이 핑크색 테두리로 표시됩니다. 원하는 부분을 클릭하여 영역을 선택하고 선택 영역을 추가하고 싶을 경우 상단 옵션 패널에서 설정할 수 있습니다.

개체 선택 도구의 옵션을 살펴보면 ① [새 선택 영역]은 영역을 선택할 때 사용하며 마지막에 선택한 것이 선택됩니다. ② [선택 영역 추가]는 이전에 선택한 것에서 영역을 추가적으로 선택할 때 사용합니다. ③ [선택 영역 빼기]는 이전에 선택한 것에서 부분적으로 선택 영역을 뺄 때 사용합니다. ④ [선택 영역 교차]는 선택된 것과 선택할 것의 중복되는 부분인 교차 부분만 선택합니다.

빠른 선택 도구

📁 예제 파일 | Ch03\05\예제\이미지추출3.jpg

이미지추출3.jpg 예제 이미지를 불러온 후 도구 패널에서 ① [개체 선택 도구(⬚)]를 길게 클릭해 ② [빠른 선택 도구(✎)]를 클릭합니다. 빠른 선택 도구는 개체 선택 도구보다 세분화된 영역 선택이 가능합니다. ③ 선택하고 싶은 영역을 마우스로 클릭 또는 드래그합니다. 선택 영역에 맞게 키보드 대괄호로 브러시 사이즈를 조절할 수 있습니다. 아래 예시에서는 귀걸이의 진주 부분을 드래그하여 선택했습니다.

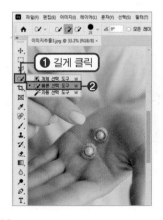

빠른 선택 도구의 옵션을 살펴보겠습니다. ① [새 선택 영역]은 처음 클릭한 부분의 영역을 선택해 줍니다. ② [선택 영역 추가]는 이전에 선택한 것에서 영역을 추가적으로 선택할 때 사용합니다. ③ [선택 영역 빼기]는 이전에 선택 한 것에서 부분적으로 선택 영역을 뺄 때 사용합니다.

머리카락 추출하기

📁 예제 파일 | Ch03\05\예제\이미지추출4.jpg ● ● ●

01 Ctrl + O를 눌러 **이미지추출4.jpg** 예제 이미지를 불러온 후 도구 패널의 ① [선택 윤곽 도구(▭)]를 클릭한 상태에서 옵션 패널의 ② [선택 및 마스크]를 클릭하고 속성 패널에서 보기 모드를 ③ [오버레이]로 설정합니다.

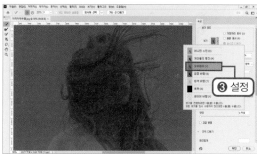

02 옵션 패널에서 ① [피사체 선택]과 ② [가는 선 다듬기]를 차례대로 선택한 후 ③ [확인]을 클릭해 마무리합니다.

> **TIP** 선택 영역 조절하기
>
> [피사체 선택]과 [가는 선 다듬기]로 선택한 후 추가로 선택할 부분이 있다면 도구 패널의 ① 첫 번째 브러시로 해당 영역을 클릭 또는 드래그합니다. 불필요한 영역이 선택되었을 경우에는 Alt 를 누르면서 선택하여 영역을 빼줍니다. 머리카락 경계가 어색한 부분이 있다면 ② 두 번째 브러시로 가볍게 문질러 줍니다.
>
>

Chapter

04

구글 계정을 가지고 있다면 누구나 유튜브 채널을 개설
할 수 있습니다. 유튜브는 시청 연령이 넓고, 접근성이
좋아 뛰어난 마케팅 효과를 기대할 수 있습니다. 시청
시간 및 구독자 등 일정 기준이 충족되면 유튜브를 통한
수익 창출도 가능합니다. 지금부터 구독자를 빠르게 늘
릴 수 있는 유튜브 디자인 방법에 대해 알아보겠습니다.

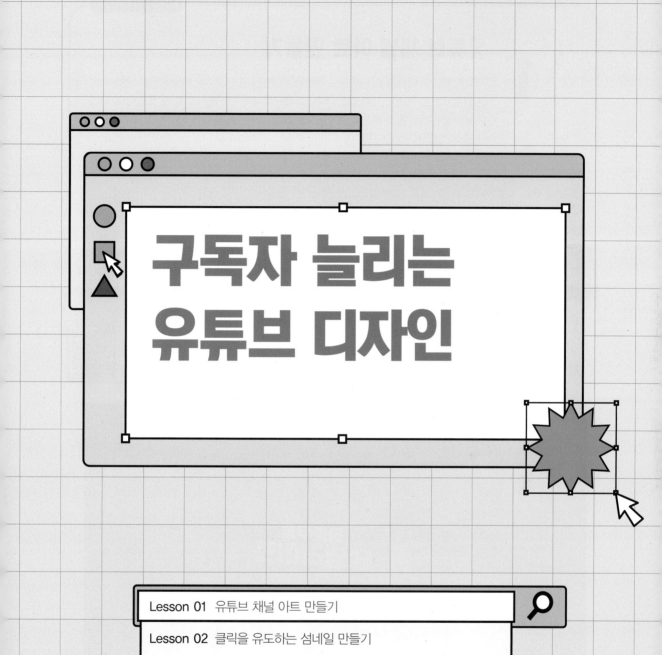

구독자 늘리는 유튜브 디자인

Lesson 01 유튜브 채널 아트 만들기

유튜브 채널 아트는 채널을 꾸미는 기본적인 디자인 요소입니다. 채널 콘텐츠 성격에 맞는 채널 아트는 채널의 정체성을 나타내고 비구독자의 구독을 유도할 수 있습니다. 다양한 유튜브 콘텐츠 중 반려견의 브이로그를 업로드하는 채널이라고 가정하고 채널 아트를 만들어보겠습니다.

Design Point

- 콘텐츠 영상을 보지 않고도 채널 아트만으로 유튜브 채널의 정체성이 나타나도록 디자인합니다.
- TV, PC, 휴대폰 등 다양한 디바이스에서 주요 부분이 잘리지 않게 유튜브 가이드라인을 준수합니다.
- 복잡하고 화려한 디자인보다 심플하고 간결한 디자인으로 채널의 목적을 직관적으로 전달합니다.

디자인 미리보기

- **예제 파일:** Ch04\01\예제\유튜브채널아트가이드.psd, 강아지.jpg, 강아지발바닥.png
- **완성 파일:** Ch04\01\완성\유튜브채널아트.psd
- **사용 폰트:** 여기어때 잘난체, tvN 즐거운이야기체
- **작업 사이즈:** 2560 × 1440px

채널 아트 배경 만들기

채널 아트 배경을 만들어보겠습니다. 배경을 만들기 전에 유튜브 가이드라인을 먼저 알아본 후 작업 사이즈를 설정하는 것이 중요합니다. 예제에서는 유튜브 가이드라인을 준수한 템플릿 파일을 활용해 배경을 만들어보겠습니다.

01 포토샵을 실행한 후 Ctrl + O로 유튜브채널아트가이드.psd 파일을 열어 줍니다. ① 회색 박스로 표시한 영역은 TV, PC, 휴대 전화 등 어느 디바이스에서나 잘리지 않고 잘 보이는 영역입니다. 포토샵 화면에서 가이드라인이 보이지 않을 경우 ② Ctrl + :을 눌러 가이드라인을 보이게 합니다.

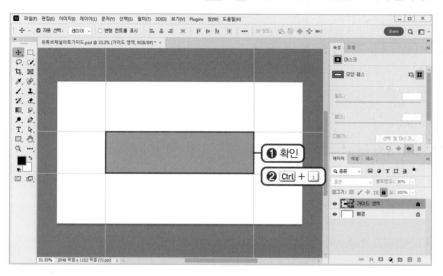

> **TIP** 가이드라인 단축키
>
> 가이드라인 생성 시 Ctrl + R을 눌러 눈금자를 표시합니다. 눈금자에서 원하는 곳으로 드래그하면 가이드라인이 생성됩니다. 작업할 때 가이드라인이 눈에 거슬린다면 Ctrl + :을 눌러 가이드라인을 숨길 수 있습니다. 숨겨진 가이드라인을 다시 표시할 때에도 Ctrl + :을 누르면 됩니다.

> **작업하기 전에** 유튜브 채널 아트 가이드 확인하기
>
> 유튜브 고객센터(https://support.google.com/youtube)에 접속합니다. '채널 브랜딩 관리'를 입력하여 검색한 후 [채널 브랜딩 관리]를 클릭합니다. [배너 이미지 변경]을 클릭하여 배너 이미지 가이드라인을 확인할 수 있습니다.
>
> - 업로드 최소 사이즈: 가로·세로 16:9 비율의 2048×1152px
> - 문자 및 로고가 잘리지 않는 최소 사이즈: 1235×338px
> - 사이즈가 큰 기기에서는 이미지가 전체 화면에 맞지만 특정 보기 및 기기에서는 이미지가 잘립니다.
> - 추가 파일 장식(예: 그림자, 테두리, 프레임)을 포함하지 마세요.
> - 파일 사이즈: 6MB 이하

02 ① '가이드 영역' 레이어의 눈(◉)을 클릭하여 끄고 ② '배경' 레이어를 선택한 후 ③ 조정 아이콘(◒)을 클릭합니다.

03 ① [단색]을 선택하고 색상 피커 창이 열리면 색상코드를 ② #ff7f21로 입력한 후 ③ [확인]을 클릭합니다.

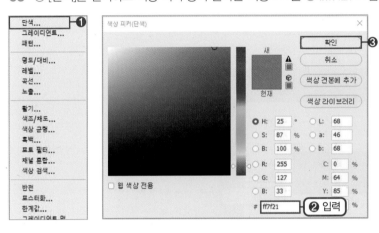

04 '색상 칠 1' 레이어가 생성되고 배경색이 오렌지색으로 바뀌었습니다.

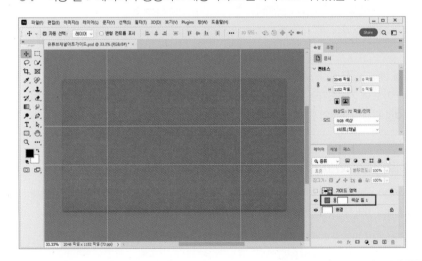

TIP	배경색 수정하는 방법

레이어 패널에 생성된 '색상 칠 1' 레이어의 오렌지색 섬네일을 더블 클릭하면 다시 색상 피커 창이 열리고 배경색을 수정할 수 있습니다.

이미지 배경 지우고 자연스럽게 합성하기

배경 위에 채널 아트의 메인 이미지를 삽입하고 가이드라인(1235×338px)에 맞게 사이즈와 위치를 조정합니다. 포토샵 자동 기능으로 이미지의 배경을 지우고 자연스럽게 합성하는 방법을 알아보겠습니다.

01 예제 폴더에서 **강아지.jpg** 예제 이미지를 작업 중인 캔버스 위로 드래그하여 삽입합니다.

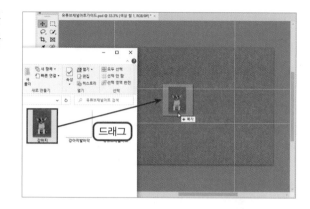

02 ① 조절점 중 하나에 마우스를 오버한 후 마우스 포인터 모양이 바뀌면 ② 안쪽으로 드래그하여 이미지의 사이즈를 줄입니다.

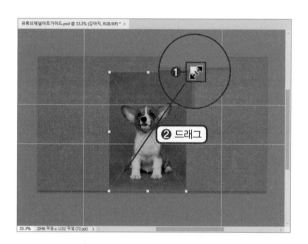

03 사이즈를 적당히 줄이고 ① 이미지를 가이드 영역 왼쪽 부분에 위치하도록 배치한 후 ② Enter 를 누릅니다. 이때 강아지가 가이드 영역을 벗어나지 않게 이미지 사이즈를 조절하는 것이 중요합니다.

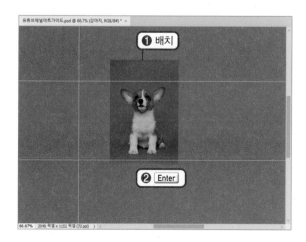

04 도구 패널의 [개체 선택 도구(⬚)]를 길게 클릭하여 ① [자동 선택 도구(⚟)]를 선택하고 옵션 패널에서 ② [피사체 선택]을 클릭한 후 레이어 패널의 ③ 레이어 마스크 아이콘(◼)을 클릭합니다. 이미지의 배경을 제거하였습니다.

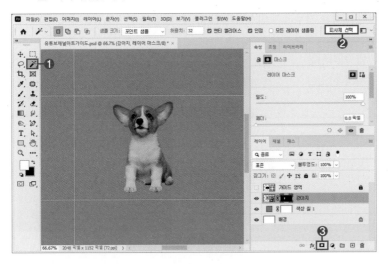

유튜브 채널명 입력하기

예제에서는 '좌충우돌 댕댕라이프'라는 가상의 유튜브 채널명을 입력하겠습니다. 반려견 브이로그 콘셉트와 잘 어울리는 귀엽고 둥근 폰트로 채널명을 입력하고 문자에 간단한 효과를 넣어보겠습니다.

01 도구 패널의 ① [수평 문자 도구(T)]를 클릭한 후 옵션 패널에서 ② 폰트: 여기어때 잘난체, 사이즈: 80 픽셀로 설정한 후 ③ [색상]을 클릭합니다.

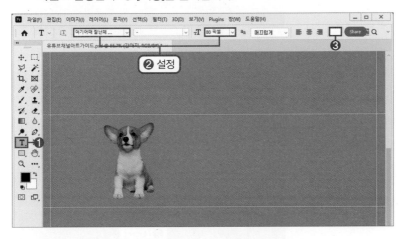

02 색상 피커 창이 열리면 ① 색상코드를 #ffffff로 입력하고 ② [확인]을 클릭합니다.

> **TIP** **포토샵의 색상코드**
>
> 포토샵의 색상코드는 총 6개의 숫자와 알파벳으로 이루어집니다. 모두 동일한 숫자 또는 알파벳일 경우 3개만 넣어도 색상이 적용됩니다. 예를 들어 흰색의 컬러코드인 'ffffff'는 'f'를 세 번만 입력해도 됩니다.

03 가이드 영역 오른쪽에 두 줄로 채널명을 입력하겠습니다. 문자를 입력할 곳을 클릭하여 ① 좌충우돌을 입력한 후 옵션 패널에서 ② [확인]을 클릭합니다.

04 '좌충우돌' 아래 부분을 클릭하여 ① 댕댕라이프를 입력한 후 ② Ctrl + Enter 를 누릅니다. 옵션 패널에서 ③ 사이즈를 120픽셀, 색상을 #fff04c로 설정합니다.

05 간단한 효과를 넣어 채널명 문자를 꾸며보겠습니다. 레이어 패널의 ① fx 아이콘(fx.)을 클릭한 후 ② [획]
을 선택합니다. 레이어 스타일 창이 열리면 ③ 사이즈를 7px, 위치를 **바깥쪽**으로 설정한 후 ④ [색상]을 클
릭합니다.

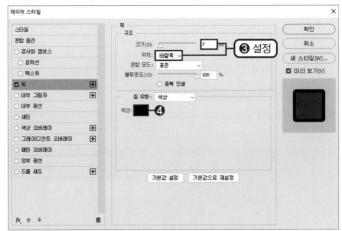

06 색상코드를 ① #483121로 입력하고 ② [확
인]을 클릭합니다.

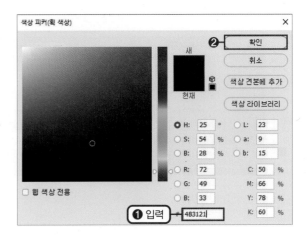

07 ① [드롭 섀도] 탭을 선택하고 ② 혼합 모드를 표준으로 ③ 불투명도: 100%, 각도: 135˚, 거리: 10px, 스프레드: 100%, 사이즈: 8px로 설정합니다. ④ [색상]을 클릭하고 색상코드를 #483121로 입력한 후 ⑤ [확인]을 클릭합니다.

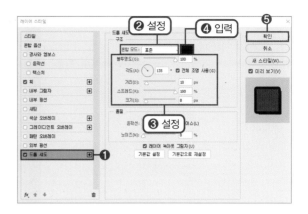

08 '댕댕라이프' 문자에 테두리와 그림자 효과가 적용되었습니다. '좌충우돌' 문자에도 동일한 효과를 적용하기 위해 레이어 패널에서 ① '댕댕라이프' 레이어를 마우스 오른쪽 버튼으로 클릭합니다. ② [레이어 스타일 복사]를 선택하여 레이어 스타일을 복사합니다.

09 레이어 스타일을 복사하였으면 ① '좌충우돌' 레이어를 마우스 오른쪽 버튼으로 클릭하고 ② [레이어 스타일 붙여넣기]를 선택합니다.

10 '댕댕라이프'와 동일한 스타일이 '좌충우돌' 문자에 적용되었습니다.

문자 기울임 효과로 생동감 더하기

입력한 문자를 보기 좋게 정렬한 후 문자에 기울임 효과를 주어 더욱 생동감 있게 연출해 보겠습니다.

01 도구 패널의 ① [이동 도구(⊕)]를 클릭한 후 작업 캔버스에서 ② '댕댕라이프'를 선택하고 '좌충우돌'의 가운데 위치로 배치합니다. 가이드라인이 생길 때 가이드라인에 맞춰 놓으면 가운데로 정렬할 수 있습니다. ③ 방향키 ①를 눌러 '좌충우돌'과 '댕댕라이프' 문자를 붙여 줍니다.

드래그하여 가운데로 정렬하는 방법이 어렵다면 ① Shift 를 눌러 정렬할 두 개의 레이어를 함께 선택한 후 옵션 패널의 ② 세로 가운데 정렬 아이콘(🎯)을 클릭해 정렬할 수 있습니다.

02 문자에 기울임 효과를 주기 위해 먼저 레이어 패널에서 ① '좌충우돌'과 '댕댕라이프' 레이어를 Shift 로 함께 선택하고 ② 폴더 모양의 아이콘(🗀)을 클릭해 그룹화합니다.

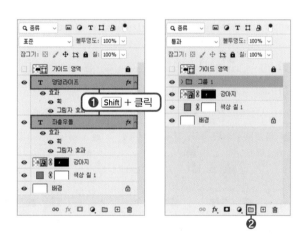

03 ① '그룹 1' 레이어가 선택된 상태에서 자유 변형 단축키 ② `Ctrl` + `T`를 눌러 조절점이 생기면 옵션 패널에서 ③ V: −5°로 입력합니다.

도형을 넣어 꾸미기

채널명 뒤에 모서리가 둥근 사각형을 넣어 채널명을 강조하면서 채널 아트를 꾸미는 방법을 알아보겠습니다.

01 도구 패널에서 ① [사각형 도구(▢)]를 클릭하고 옵션 패널에서 ② [칠]을 클릭한 후 최근 사용한 색상 중 ③ 갈색을 선택합니다. 다음으로 ④ [획]을 클릭한 후 최근 사용한 색상 중 ⑤ 노란색을 선택합니다. 최근 사용한 색상에서 찾는 색이 없다면 색상 피커 창에서 색상코드를 입력합니다.

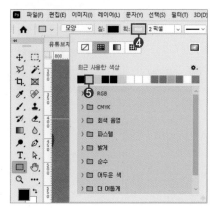

02 옵션 패널에서 ① **획: 8픽셀**로 설정한 후
② 작업 캔버스를 클릭합니다.

03 사각형 만들기 창이 뜨면 ① W: 590픽셀, H: 216픽셀, 반경: 108픽셀로 설정한 후 ② [확인]을 클릭합니다. ③ 모서리가 둥근 사각형이 만들어졌습니다.

04 도구 패널에서 ① [이동 도구(✛)]를 클릭한
후 ② 모서리가 둥근 사각형을 문자 가운데
로 배치합니다.

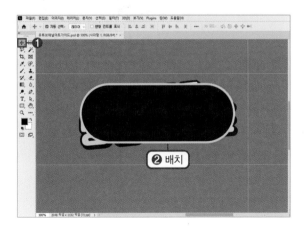

05 레이어 패널에서 '사각형 1' 레이어를 '그룹 1' 레이어 아래로 배치하여 채널명 문자를 가리지 않게 합니다.

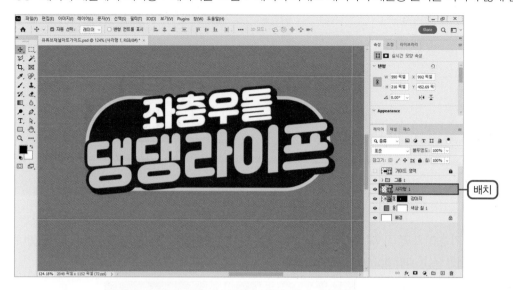

06 레이어 패널에서 ① '그룹 1' 레이어와 '사각형 1' 레이어를 Shift를 누른 채 클릭하여 함께 선택한 후 작업 캔버스에서 ② 강아지 이미지와 적당한 간격으로 배치합니다. 드래그할 때 나타나는 가이드라인에 맞춰 세로 영역 가운데로 배치합니다.

구독과 좋아요 문자 넣어 꾸미기

강아지 주변에 '구독'과 '좋아요' 문자를 넣어 강아지가 말하는 듯한 느낌으로 재미있게 꾸며보겠습니다.

01 도구 패널의 ① [수평 문자 도구(T)]를 선택한 후 ② 강아지 얼굴 왼쪽 빈 곳을 클릭합니다. 옵션 패널에서 ③ 폰트: tvN 즐거운이야기, Medium, 사이즈: 40픽셀, 색상: #ffffff로 설정하고 ④ **구독!**이라고 입력한 후 옵션 패널에서 ⑤ [확인]을 클릭합니다.

02 자유 변형 단축키 ① Ctrl + T 를 눌러 몸통 방향으로 비스듬히 기울여주고 ② Enter 를 누릅니다.

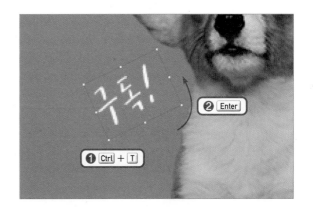

03 '구독!' 문자를 넣었다면 ① 강아지 얼굴 오른쪽 빈 곳을 클릭한 후 **좋아요!**라고 입력하고 옵션 패널에서 ② [확인]을 클릭합니다.

04 ① Ctrl + T를 눌러 몸통 쪽으로 기울여 줍니다. ② Enter를 누른 후 도구 패널의 ③ [이동 도구(✛)]를 클릭하고 ④ 두 문자를 대칭되게 배치합니다.

배경에 패턴을 넣어 장식하기

마지막으로 배경에 강아지 발바닥 모양의 패턴을 넣어 채널 아트 디자인의 완성도를 높여주겠습니다.

01 단축키 Ctrl + O를 눌러 **강아지발바닥**.png 예제 이미지를 열고 상단 메뉴의 ① [편집] 〉 ② [패턴 정의]를 클릭합니다.

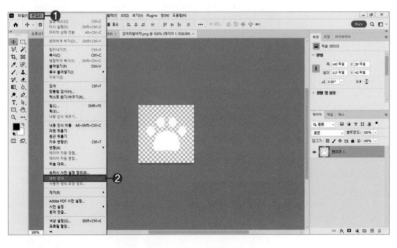

02 패턴 이름을 ① **강아지발바닥**으로 입력하고 ② [확인]을 클릭하여 패턴을 등록합니다.

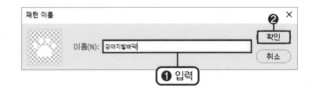

03 [유튜브채널아트가이드.psd] 탭을 눌러 작업 캔버스로 돌아옵니다.

04 레이어 패널에서 패턴을 적용할 ① '색상 칠 1' 레이어를 선택하고 ② fx 아이콘(*fx.*)을 클릭한 후 ③ [패턴 오버레이]를 선택합니다.

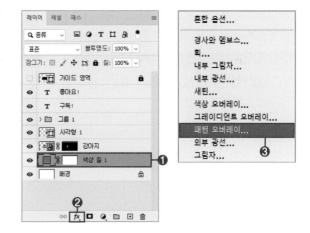

05 패턴 설정 항목 중 ① 패턴 섬네일 드롭박스를 클릭하고 패턴으로 등록한 ② [강아지 발바닥]을 클릭합니다.

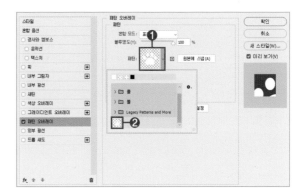

06 발바닥 모양의 패턴이 선택되었다면 ① 혼합 모드: 표준, 불투명도: 7% 각도: 14°, 비율: 70%로 설정하고 ② [확인]을 클릭합니다.

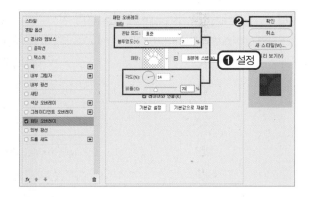

07 강아지 브이로그의 유튜브 채널 아트를 완성하였습니다. 작업한 파일은 Ctrl + S를 눌러 원본 파일 확장자 PSD로 저장합니다. 유튜브에 적용할 이미지는 Alt + Shift + Ctrl + S 또는 Alt + Shift + Ctrl + W를 눌러 JPG로 저장합니다.

실전 가이드!
유튜브 채널 아트 적용하기

유튜브 계정에 로그인한 후 유튜브 채널 아트를 등록하는 방법을 알아보겠습니다. 채널 아트는 채널의 간판 역할을 하기 때문에 유튜브 채널의 구독자를 늘리기 위해서는 채널 아트를 등록하는 것이 좋습니다.

📁 예제 파일 | Ch04\01\실전\유튜브채널아트.jpg

01 유튜브에 로그인해 ① [계정]을 클릭한 후 ② [내 채널]을 선택합니다.

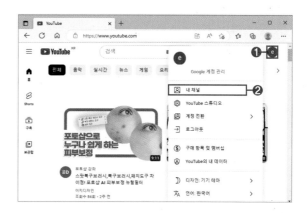

02 [채널 맞춤설정]을 클릭합니다.

03 ① [브랜딩] 탭을 클릭하여 배너 이미지의
② [업로드]를 클릭합니다.

04 ① 적용할 이미지를 예제 폴더에서 선택하
고 ② [열기]를 클릭합니다.

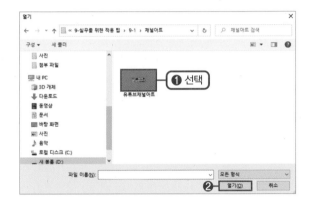

05 배너 아트 맞춤설정에서 적용될 이미지를
① 확인하고 ② [완료]를 클릭합니다.

06 ① [게시]를 클릭하고 ② [채널 보기]를 클릭
합니다.

07 내 채널에 적용된 채널 아트 이미지를 확인할 수 있습니다.

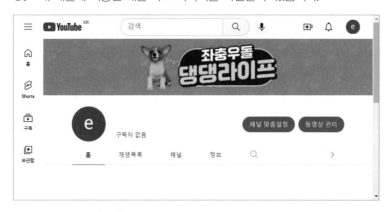

> **TIP** 유튜브 채널 만들기
>
> 구글 계정으로 유튜브를 시작하거나 구글 계정이 없다면 회원가입을 통해 계정을 생성합니다. [계정] 〉 [채널 만들기]
> 〉 [내 프로필]을 클릭한 후 원하는 채널 이름을 넣고 [채널 만들기]를 클릭하여 채널을 생성합니다.

Lesson

02

클릭을 유도하는 섬네일 만들기

캠핑이 주된 콘텐츠인 유튜브 채널의 동영상 섬네일을 만들어보겠습니다. 섬네일은 구독자가 유튜브 화면에서 가장 먼저 보게 되는 이미지입니다. 다양한 섬네일 중 클릭을 유도하기 위해 시선을 사로잡는 것이 중요합니다. 가독성과 주목성을 고려하여 클릭을 유도할수 있는 섬네일을 제작하겠습니다.

Design Point

- 콘텐츠의 내용이 잘 드러날 수 있는 이미지를 선택하고 제목을 구상합니다.
- 모바일 환경을 고려하여 가독성 있게 문자를 입력합니다.

디자인 미리보기

- **예제 파일:** Ch04\02\예제\텐트.jpg
- **완성 파일:** Ch04\02\완성\유튜브섬네일.psd
- **사용 폰트:** 비트로 코어
- **작업 사이즈:** 1280 × 720px

유튜브 섬네일 배경 만들기

유튜브 섬네일의 규격은 '1280×720px'입니다. 규격에 맞게 작업 문서를 만들고 유튜브 섬네일 배경에 넣을 이미지를 가져와 배치하겠습니다.

01 ① Ctrl + N을 눌러 새로운 문서 만들기 창을 열고 ② 제목을 유튜브섬네일로 입력합니다. ③ 폭: 1280픽셀, 높이: 720픽셀로 설정한 후 ④ [만들기]를 클릭합니다.

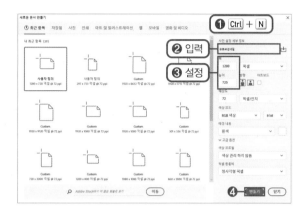

02 작업 캔버스에 배경으로 넣을 이미지를 삽입하겠습니다. ① 예제 폴더에서 텐트.jpg 파일을 캔버스로 드래그한 후 ② Alt 를 누른 채 조절점을 드래그해 캔버스에 가득 찰 만큼 사이즈를 키우고 ③ Enter 를 누릅니다.

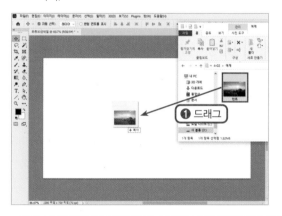

TIP **작업 캔버스에 이미지를 삽입하는 방법**

작업 캔버스에 이미지를 삽입하는 방법은 폴더에서 작업 캔버스로 드래그하는 방법과 포토샵에서 Ctrl + O 로 이미지를 불러온 후 작업 캔버스로 드래그하여 삽입하는 방법이 있습니다. 전자의 경우 이미지를 고급 개체로 삽입할 수 있고 후자의 경우 일반레이어로 삽입할 수 있습니다. (Chapter02-Lesson03 이미지 불러오기와 파일 저장하기를 참고하세요.)

섬네일 제목 문자 입력하고 강조하기

섬네일 배경 이미지를 넣은 후 '가성비 텐트 TOP5'라고 제목을 입력하겠습니다. 주목성을 높이기 위해 두께감 있는 폰트를 사용하고 문자에 그레이디언트와 테두리 효과를 주어 강조하겠습니다.

01 ① [수평 문자 도구(T.)]를 클릭한 후 옵션 패널에서 ② 폰트: 비트로 코어, 사이즈: 115 픽셀, 색상: #ffffff로 설정하고 ③ 캔버스 왼쪽 영역을 클릭한 후 가성비 텐트를 입력합니다. 옵션 패널에 ④ [확인]을 클릭합니다.

02 레이어 패널의 ① fx 아이콘(fx.)을 클릭한 후 ② [획]을 클릭하여 레이어 스타일 창이 열리면 ③ 크기: 10px, 위치: 바깥쪽, 색상: #000000으로 설정한 후 ④ [확인]을 클릭합니다.

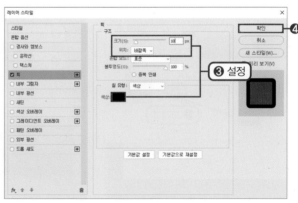

03 ① '가성비 텐트' 문자 아래를 클릭하여 TOP5를 입력하고 ② [이동 도구(⊕)]를 클릭합니다. 속성 패널에서 ③ **사이즈: 218픽셀**로 설정합니다.

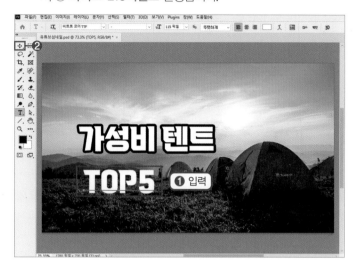

04 레이어 패널의 ① fx 아이콘(*fx.*)을 클릭한 후 ② [획]을 선택합니다. ③ **크기: 10px, 위치: 바깥쪽, 색상: #000000**으로 설정한 후 ④ [그레이디언트 오버레이] 탭을 선택합니다.

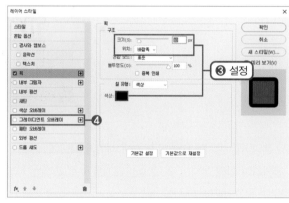

05 그레이디언트 오버레이 설정 항목에서 ① 그레이디언트 바를 클릭하여 그레이디언트 편집기 창을 열어 줍니다. 사전 설정 중 ② [주황 계열]을 클릭해 ③ 원하는 그레이디언트 조합을 선택하고 ④ [확인]을 클릭 합니다. 그레이디언트의 색상을 선택하고 ⑤ 각도를 120°로 입력한 후 ⑥ [확인]을 클릭하여 레이어 스타 일 창을 닫아 줍니다.

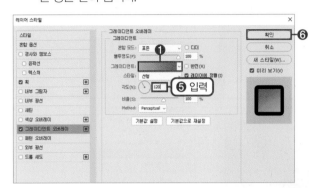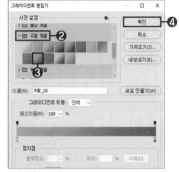

06 'TOP5' 문자를 '가성비 텐트' 문자 아래에 배치합니다.

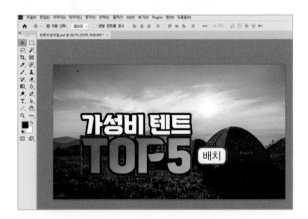

07 두 개의 문자 레이어를 동시에 이동하기 위해 레이어 패널에서 ① 'TOP5'와 '가성비 텐트' 레이어를 Shift 를 누른 채 클릭하여 함께 선택한 후 ② Ctrl + T를 누르고 옵션 패널에서 ③ X: 355픽셀, Y: 490픽셀로 위치를 설정하여 왼쪽 하단에 배치합니다.

제목에 그림자 효과를 넣어서 입체감 주기 ● ● ●

문자에 긴 그림자 효과를 넣어서 입체감을 주고 심심한 느낌의 섬네일 제목을 더욱 눈에 띄게 만들어보겠습니다.

01 ① [사각형 도구(□)]를 클릭하고 ② **칠:
#000000, 획: 없음, 반경: 0픽셀**로 설정합니다. 제목 문자 위에 ③ 문자보다 약간 작게 드래그하여 직사각형을 그려 줍니다.

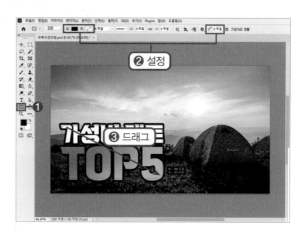

02 직사각형을 그린 후 직사각형 왼쪽 아래 조절점 위에 ① 마우스를 커서를 올리고 Ctrl을 눌러 줍니다. 마우스 커서가 흰색 화살표로 바뀌면 왼쪽 아래 대각선 방향으로 ② 길게 드래그합니다.

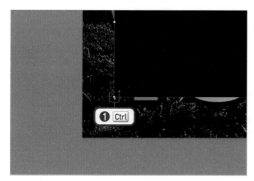
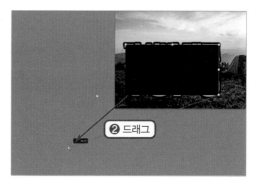

03 보통 패스로 변환 여부를 묻는 창이 뜨면
① [다시 표시 안 함]에 체크한 후 ② [예]를
클릭합니다.

04 레이어 패널에서 '사각형 1' 레이어를 '가성비 텐트' 레이어 아래로 배치합니다.

유튜브 섬네일 테두리 만들기

구독자와 시청자들에게 어필할 수 있도록 '캠핑 초보 필독'이라는 소제목을 작게 입력한 후 섬네일에 테두리를 만들어 마무리하겠습니다.

01 ① [수평 문자 도구(T.)]를 클릭한 후 옵션 패널에서 ② **사이즈를 62픽셀**로 설정합니다. ③ 작업 캔버스 왼쪽 위를 클릭하고 **캠핑 초보 필독**을 입력한 후 ④ [확인]을 클릭합니다.

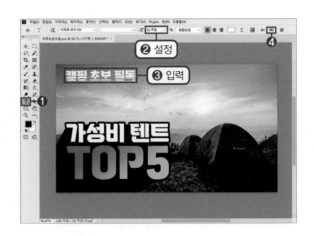

02 ① Ctrl + T를 누르고 옵션 패널에서 ② X: 260픽셀, Y: 70픽셀로 설정합니다.

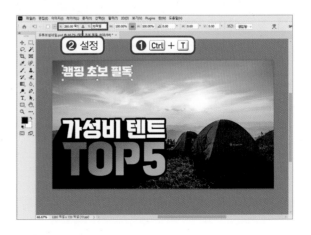

03 ① [사각형 도구(□)]를 클릭하고 옵션 패널에서 ② 칠: #0510b, W: 520픽셀, H: 134픽셀로 설정한 후
③ 작업 캔버스를 클릭합니다. 사각형 만들기 창이 뜨면 [확인]을 클릭해 사각형을 생성합니다.

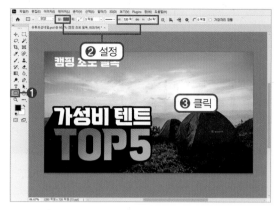 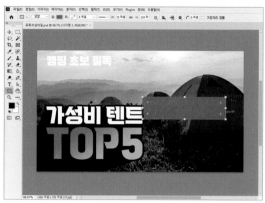

04 레이어 패널에서 '사각형 2' 레이어를 '캠핑 초보 필
독' 레이어 아래 배치합니다.

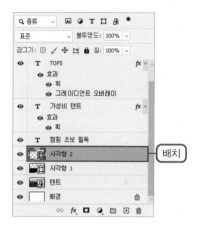

05 [이동 도구(✛)]를 클릭한 후 사각형을 '캠핑 초보
필독' 아래 배치합니다.

06 사각형의 오른쪽 위 조절점을 ① `Ctrl` +
`Shift`를 누른 채 클릭한 후 ② 오른쪽으로
드래그합니다. 사각형의 모양을 변경한 후
③ 캔버스 영역 바깥 빈 곳을 클릭하여 선
택을 해제합니다.

TIP	조절점 선택하기

선택된 조절점은 색이 채워져 있지만 선택되지 않은 조절점은 색이 채워지지 않은 테두리로 표현됩니다. `Ctrl`을 누르
면 원하는 조절점을 선택할 수 있습니다.

---

07 ① [사각형 도구(▢)]를 클릭한 후 옵션 패
널에서 ② **칠: 없음, 획: #f0510b, 15픽셀**로
설정합니다. ③ [획 옵션]을 클릭한 후 맞춤
옵션 중 ④ 첫 번째 옵션을 클릭하여 안쪽
으로 획이 생성되게 합니다.

08 ① 캔버스를 클릭하여 사각형 만들기 창이 뜨면 작업 캔버스와 동일한 사이즈인 ② 폭: 1280픽셀, 높이: 720픽셀로 설정하고 ③ [확인]을 클릭합니다.

09 ① [이동 도구(⊕)]를 클릭한 후 사각형 테두리를 ② 작업 캔버스에 맞게 배치합니다. 마지막으로 레이어 패널에서 ③ '텐트' 레이어를 선택하고 ④ Ctrl + T를 누른 후 텐트 이미지가 잘 보일 수 있게 ⑤ 이미지의 사이즈와 위치를 조절합니다. ⑥ Enter를 눌러 섬네일을 완성합니다.

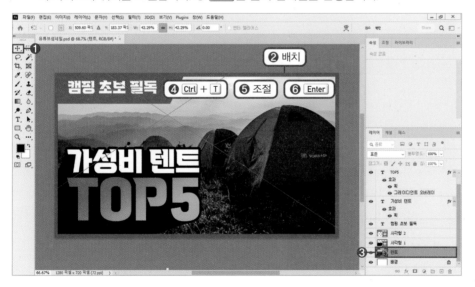

Chapter

05

카드뉴스는 유튜브와 더불어 인스타그램과 페이스북 등
SNS에서 빼놓을 수 없는 효과적인 마케팅 방법입니다.
모바일 기기에 익숙한 MZ세대를 겨냥한다면 카드뉴스
를 통해 광고 효과를 높일 수 있습니다.

SNS 카드뉴스 만들기

Lesson 01 이미지로 구성된 카드뉴스 만들기

카드뉴스는 이미지와 간략한 문자로 정보를 전달하며, 주로 피드에 가장 먼저 노출되는 표지 한 장과 내용을 담은 내지 여러 장으로 구성됩니다. 예제에서는 제주도 사진을 이용해 제주도 여행을 홍보하는 카드뉴스를 만들어보겠습니다.

Design Point

- 카드뉴스는 내용이 길어지면 지루해질 수 있으니 핵심만 간추려 임팩트 있게 구성합니다.
- 스마트폰이나 모바일 기기에서 카드뉴스의 내용이 잘 보이도록 가독성을 고려하여 디자인합니다.
- 콘텐츠와 어울리는 이미지와 폰트를 사용해 규칙성 있게 디자인합니다.

디자인 미리보기

- **예제 파일**: Ch05\01\예제\등대.jpg, 감귤.jpg, 주상절리.jpg
- **완성 파일**: Ch05\01\완성\제주도_카드뉴스.psd
- **사용 폰트**: tvN 즐거운이야기체, Noto Sans KR
- **작업 사이즈**: 1080 × 1080px

아트보드 기능으로 카드뉴스 표지 배경 만들기

카드뉴스는 페이스북이나 인스타그램과 같은 SNS에 주로 업로드하기 때문에 SNS에서 많이 사용하는 정사각형 사이즈로 설정하는 것이 좋습니다. 편리한 작업을 위해 아트보드 기능을 활용하여 제주도 이미지에 원고지 모양과 손글씨체를 넣어 감성적인 느낌의 카드뉴스 표지를 만들어 보겠습니다.

01 ① Ctrl + N을 눌러 새로운 문서 만들기 창을 열고 제목에 ② **제주도_카드뉴스**를 입력합니다. ③ **폭: 1080픽셀, 높이: 1080픽셀, 해상도: 72픽셀/인치**로 설정한 후 ④ [아트보드]에 체크하고 ⑤ [만들기]를 클릭합니다.

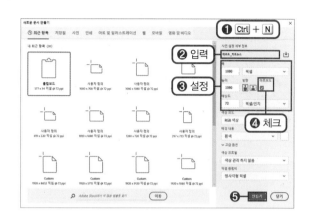

작업하기 전에 | 아트보드 기능

포토샵에서 새로운 문서를 만들 때 아트보드 기능 사용 여부를 체크할 수 있습니다. 아트보드 기능을 사용하면 포토샵 작업 영역에 여러 개의 작업 캔버스(대지)를 만들 수 있어 카드뉴스와 같은 콘텐츠를 제작할 때 편리합니다. 아트보드 기능을 사용하지 않으면 책상 위에 한 장의 종이만 놓고 그림을 그리는 것이고, 아트보드 기능을 사용하면 책상 위에 여러 장의 종이를 놓고 그림을 그리는 것이라고 생각하면 됩니다.

▲ 아트보드 기능을 사용하지 않을 때

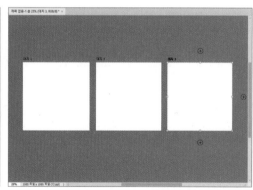

▲ 아트보드 기능을 사용할 때

02 ① '대지 1'로 표기된 작업 캔버스를 확인하고 레이어 패널에서 ② '대지 1' 그룹 레이어를 더블 클릭하여 **표지**를 입력합니다.

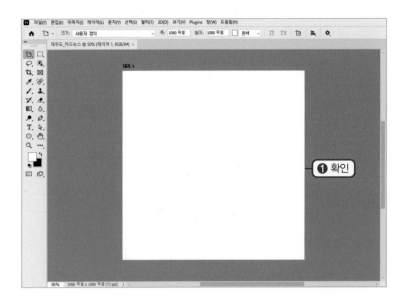

03 예제 폴더에서 ① **등대.jpg** 이미지를 캔버스 위로 드래그합니다. ② Alt 를 누른 상태에서 드래그하여 흰 배경이 가려질 정도로 사이즈를 키우고 ③ Enter 를 누릅니다.

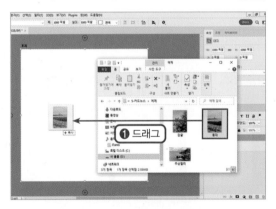

감성 있는 느낌의 원고지 모양 만들기

감성 있는 느낌을 주고 싶을 때 사용하면 좋은 원고지 모양을 만들어 표지 이미지에 디자인을 더한 후 제목
이 더욱 잘 보이도록 검정색 반투명 레이어를 추가하겠습니다.

01 레이어 패널에서 ① 조정 아이콘(◒)을 클
릭한 후 ② [단색]을 선택합니다.

02 색상 피커 창이 열리면 ① 색상을 #000(검정색)으로 입력하고 ② [확인]을 클릭한 후 레이어 패널에서
③ 불투명도를 20으로 설정합니다.

> **TIP** 색상코드 입력 꿀팁
>
> 흰색의 색상코드는 '#ffffff'이고, 검정색의 색상코드는 '#000000'입니다.

03 이제 원고지 모양을 만들어 보겠습니다. 도구 패널에서 ① [사각형 도구(□)]를 클릭한 후 옵션 패널에서 ② **칠: 없음, 획: #ffffff, 2픽셀, 맞춤: 안쪽**으로 설정하고 ③ **W: 74 픽셀, H: 74픽셀**로 설정합니다.

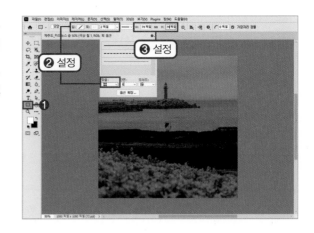

04 ① 캔버스의 왼쪽 위 부분을 클릭하여 사각형 만들기 창이 열리면 그대로 ② [확인]을 클릭합니다.

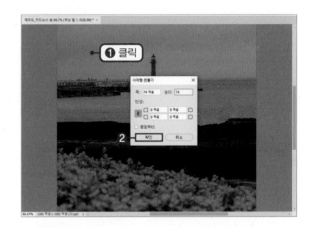

TIP 도형 위치 지정하기

도형 도구를 선택한 후 캔버스를 클릭하면 클릭한 지점에 도형이 만들어지고 사각형 만들기 창에서 [중앙부터]에 체크 시 클릭한 지점에 중앙을 기준으로 도형이 만들어집니다.

05 ① Ctrl + J 를 눌러 사각형을 복사하고 레이어 패널에서 ② '사각형 1 복사' 레이어에 선택되어 있는지 확인한 후 ③ [이동 도구( )]를 클릭합니다.

06 방향키 → 를 눌러 복사한 사각형을 기존 사각형 오른쪽에 배치합니다.

> **TIP** 방향키로 이동하기
>
> 이동 도구( )로 드래그하여 이동하기 어려울 경우 레이어 패널에서 이동할 레이어를 선택해 방향키로 이동할 수 있습니다. 방향키를 한 번 누를 때마다 1px씩 이동하며 Shift 와 방향키를 함께 누르면 한 번에 10px을 이동할 수 있습니다.

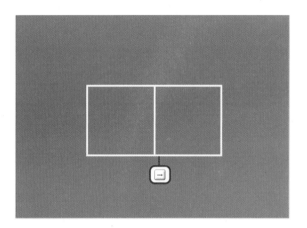

07 ① Ctrl + J 를 눌러 사각형을 하나 더 복사하고 ② 방향키 → 를 눌러 세 칸을 만듭니다.

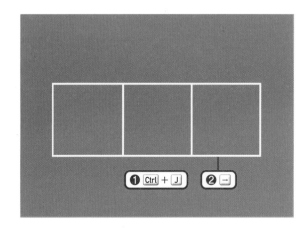

08 같은 과정을 반복해 총 아홉 칸을 만든 후 레이어 패널에서 ① '사각형 1' 레이어를 클릭합니다. ② Shift 를
　　누른 채 '사각형 1 복사 8' 레이어를 클릭해 총 9개의 사각형 레이어를 모두 선택한 후 ③ Ctrl + G 를 눌
　　러 그룹화합니다.

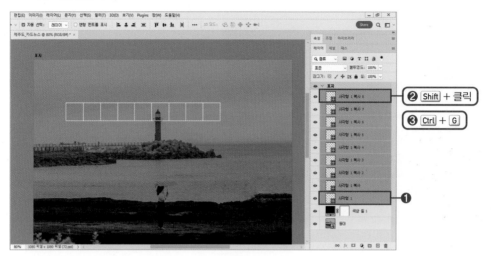

TIP　패널 접고 펼치기

패널 이름 옆에 비어있는 부분을 더블 클릭하면 패널을 접거나 펼칠 수 있
습니다. 작업할 때 잘 사용하지 않는 패널 그룹은 닫아놓고 작업 영역을 유
동적으로 활용할 수 있습니다.

---

09 ① Ctrl + T 를 누르고 드래그하여 가로 영
　　역의 가운데로 배치한 후 ② Enter 를 누릅
　　니다.

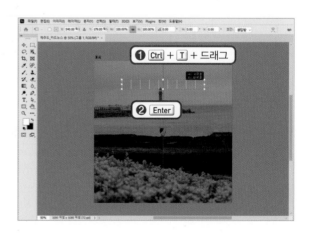

10 ① Ctrl + R 을 눌러 눈금자를 켜고 ② 왼쪽 눈금자에서 드래그하여 가이드라인을 원고지 빈칸의 처음과 끝에 배치합니다.

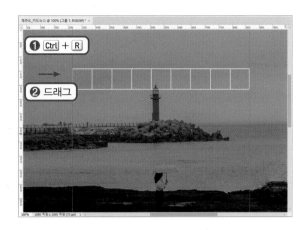

11 [사각형 도구(□)]를 길게 클릭하여 ① [선 도구(/)]를 선택하고 옵션 패널에서 ② **칠: #ffffff, 획: 없음, 2픽셀, 두께: 2픽셀**로 설정합니다. 생성한 가이드라인에 맞춰 ③ 원고지 빈칸 위에 드래그하여 선을 그려줍니다.

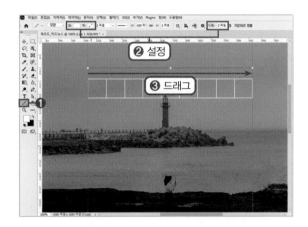

12 ① [이동 도구(↔)]를 클릭하고 ② 방향키 ↑를 눌러 흰색 선을 원고지 빈칸 위에 딱 붙여 줍니다. ③ Shift 를 누른 상태에서 방향키 ↑를 한 번 눌러 10px 위에 배치합니다.

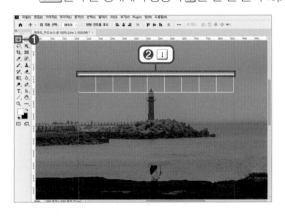
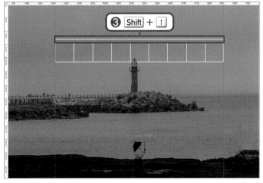

13 10px 이동한 선을 `Ctrl` + `J`로 복사한 후
같은 방법으로 원고지 빈칸 아래로 이동해
10px 띄워 줍니다. 원고지 빈칸 위아래에
선을 그려 주었습니다.

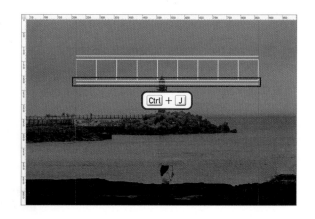

14 레이어 패널에서 ① '그룹 1' 레이어를 선택한 후 ② `Ctrl` + `J`로 복사합니다. ③ `Shift`와 방향키를 이용하
여 위치를 세밀하게 조절합니다. 복사한 선에 딱 붙도록 위치를 맞춰 줍니다.

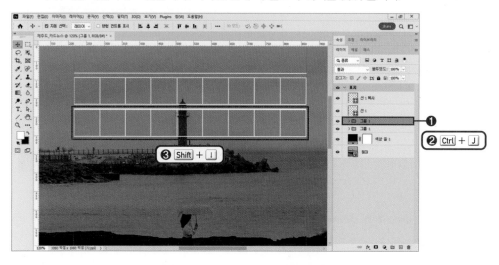

15 `Shift`를 누른 채 방향키 `↓`를 한 번 눌러
10px 아래로 이동합니다.

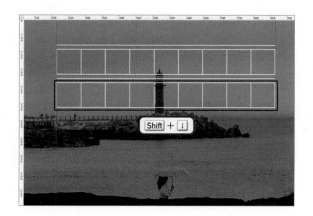

16 레이어 패널에서 ① 복사된 '선 1 복사' 레이어를 선택하고 ② Ctrl + J로 복사합니다. ③ Shift와 방향키를 이용하여 원고지 두 번째 줄 아래에 10px 간격으로 배치합니다.

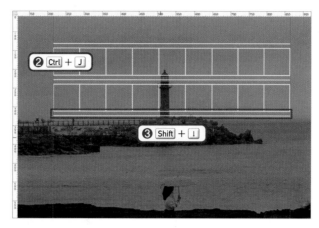

17 레이어 패널에서 Shift를 누른 채 세 개의 선 레이어와 두 개의 그룹 레이어를 선택합니다.

18 ① Ctrl + G를 눌러 그룹화하고 ② 이름을 **원고지**로 변경한 후 ③ 불투명도를 50으로 설정합니다.

카드뉴스 표지 제목 입력하기

완성된 원고지 빈칸에 카드뉴스 소제목을 입력한 후 소제목 아래에 손글씨체를 사용해 제목을 크게 입력하겠습니다. 소제목의 첫 번째 줄과 두 번째 줄의 문자 두께를 다르게 입력해 가독성 있는 카드뉴스 표지를 완성하겠습니다.

01 ① [수평 문자 도구(T.)]를 선택하고 옵션 패널에서 ② **폰트: Noto Sans KR, Light, 사이즈: 60픽셀, 앤티 앨리어스: 선명하게, 단락: 왼쪽 정렬, 색상: #ffffff**으로 설정합니다.

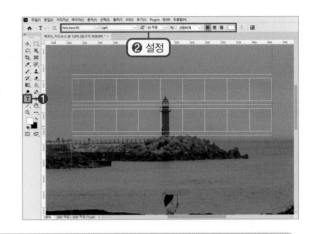

TIP **폰트 앤티 앨리어스 속성**

폰트 옵션 중 앤티 앨리어스 속성으로 문자 외곽의 부드럽기와 선명도를 조절할 수 있습니다. [Windows LCD]와 [Windows]는 홈페이지 디자인을 할 경우 사용하며 일반적으로 [선명하게] 또는 [뚜렷하게]를 선택하면 됩니다.

---

02 ① 원고지의 첫 번째 줄 두 번째 칸을 클릭한 후 ② **나혼자**를 입력합니다.

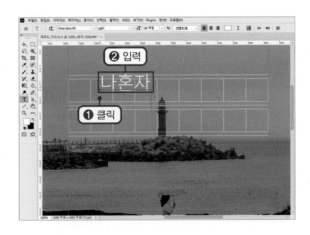

03 ① [이동 도구(✛)]를 클릭하고 ② '나'를 두
번째 칸 가운데에 배치한 후 방향키로 세밀
하게 조정합니다.

04 속성 패널에서 ① 자간을 300으로 설정해 문자를 칸에 맞춰 줍니다. ② [수평 문자 도구(T.)]를 클릭한
후 ③ 여섯 번째 칸을 클릭하고 **떠나는**을 입력합니다.

05 ① [이동 도구(✛)]를 클릭하고 문자를 ②
칸에 맞게 배치합니다.

06 ① [수평 문자 도구(T.)]를 클릭한 후 ② 두 번째 줄 첫 번째 칸을 클릭하고 **국내**를 입력합니다.

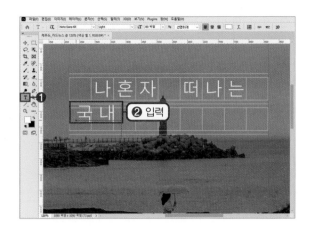

07 ① [이동 도구(✛.)]를 클릭해 ② 문자를 칸에 맞춰 배치합니다.

08 ① [수평 문자 도구(T.)]를 클릭해 옵션 패널의 ② 폰트 두께를 Medium으로 설정합니다. ③ 두 번째 줄 네 번째 칸을 클릭하고 **인기**를 입력합니다.

09 ① [이동 도구(⊕)]를 클릭하고 ② 문자를 칸에 맞춰 배치합니다.

10 08~09와 같은 방법으로 두 번째 줄 일곱 번째 칸에 **여행지**를 입력하고 문자를 칸에 맞춰 배치합니다.

11 ① [수평 문자 도구(T)]를 클릭하고 ② 소제목 아래 부분을 클릭한 후 jeju를 입력합니다. ③ [이동 도구(⊕)]를 클릭하고 속성 패널에서 ④ **폰트: tvN 즐거운이야기, Light, 사이즈: 400픽셀, 자간: 0**으로 설정합니다.

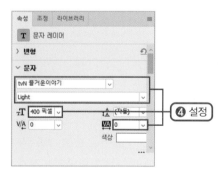

12 ① [이동 도구(✛)]를 클릭하고 캔버스에서
② 'jeju' 문자를 드래그하여 원고지 아래쪽
가운데 배치합니다.

> **TIP** **제목에 손글씨체를 사용할 경우**
>
> 손글씨체는 고딕체나 명조체에 비해 가독성이 떨어지지만 다양한 분위기를 연출할 수 있어 종종 사용됩니다. 디자인
> 컨셉을 위해 손글씨체를 제목에 사용한다면 크고 간결하게 넣어주는 것이 좋습니다.

13 레이어 패널에서 ① '원고지' 그룹 레이어를
클릭하고 ② Shift를 누른 채 'jeju' 레이어를
클릭하여 문자 레이어를 모두 선택합니다.
③ Ctrl + G를 눌러 그룹을 만든 후 ④ 더블
클릭하여 이름을 **제목**으로 수정합니다.

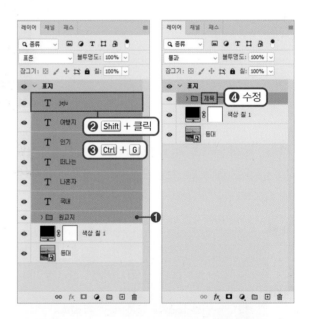

14 ① Ctrl + T를 누르고 ② 그룹 문자를 드래
그해 캔버스 정중앙에 배치한 후 ③ Enter를
눌러 표지를 완성합니다.

카드뉴스 내지 배경 만들기

카드뉴스의 표지를 완성하였으니 캔버스를 추가로 생성하여 내지의 배경을 만들어 보겠습니다.

01 작업 캔버스 상단에 ① [표지]를 클릭합니다. 캔버스 상하좌우에 ⊕ 모양의 버튼이 나타나면 원하는 방향의 [+] 버튼을 클릭해 캔버스를 생성합니다. 예제에서는 ② 오른쪽 [+] 버튼을 클릭합니다.

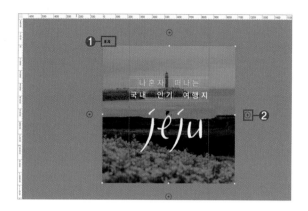

02 캔버스가 생성되면 레이어 패널에서 '대지 1' 그룹 레이어의 이름을 더블 클릭하고 **내지1**로 변경합니다.

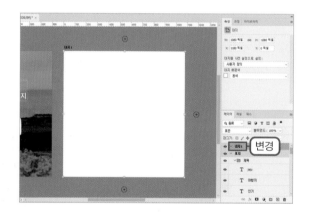

03 예제 폴더에서 ① **감귤.jpg** 이미지를 '내지1' 캔버스로 드래그하고 ② [Alt]를 누른 상태에서 흰색 배경이 보이지 않을 정도로 사이즈를 키워준 후 ③ [Enter]를 누릅니다.

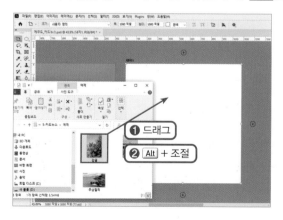

카드뉴스 첫 번째 내지 만들기

사각형 도구와 타원 도구를 이용해 내지 문자를 입력할 영역을 만들고 도형 위에 내용을 입력합니다. 숫자 문자로 포인트를 주고 배경 이미지에 있는 오렌지 색상을 사용하여 내지 디자인에 통일성을 주겠습니다.

01 ① [사각형 도구(□)]를 클릭한 후 ② **칠: #e9861a, 획: 없음, W: 1080픽셀, H: 334 픽셀**로 설정합니다. ③ 캔버스를 클릭하고 사각형 만들기 창이 열리면 ④ [확인]을 클릭합니다.

02 [이동 도구(✛)] 선택 후 사각형을 캔버스 아래 부분에 배치합니다.

TIP 색상 선택 팁

색상 선택이 어렵다면 [스포이드 도구(✎)]를 클릭한 후 사용된 이미지에서 색상을 추출하여 사용하거나 비슷한 계열의 색상을 사용하면 자연스러운 디자인을 완성할 수 있습니다.

03 [사각형 도구(□)]를 길게 눌러 ① [타원 도구(○)]를 선택합니다. ② 캔버스를 클릭한 후 타원 만들기 창이 뜨면 ③ **폭: 182픽셀, 높이: 182픽셀**로 설정한 후 ④ [확인]을 클릭합니다.

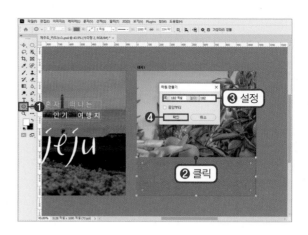

04 ① [이동 도구(✛)]를 클릭하고 ② 타원을 그림과 같이 사각형에 걸쳐 배치합니다.

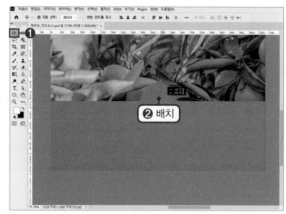

05 ① [수평 문자 도구(T)]를 클릭하고 옵션 패널에서 ② **폰트: tvN 즐거운이야기, Light, 사이즈: 140픽셀**로 설정한 후 ③ Enter 를 누릅니다.

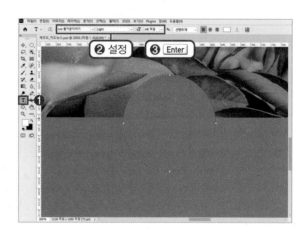

06 ① 타원 안을 클릭해 01을 입력한 후 ② [이동 도구(🖐)]를 클릭하고 ③ 숫자 문자를 타원 가운데로 배치합니다.

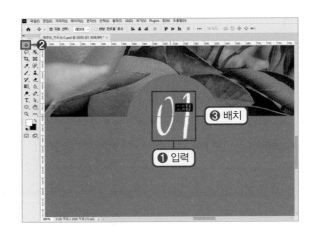

TIP **도형에 문자 입력하기**

도형이 선택된 상태에서 문자를 입력할 경우 도형 외곽선 안쪽으로 문자를 입력할 수 있습니다. 의도하지 않은 경우 불편하기 때문에 Enter 를 눌러 도형을 선택 해제한 후 문자를 입력해 주세요.

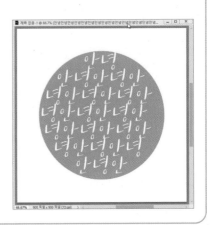

---

07 첫 번째 내지의 제목을 입력합니다. ① [수평 문자 도구(T)]를 클릭하고 ② 사각형 왼쪽 위를 클릭해 **감귤농장 체험하기**를 입력한 후 옵션 패널의 ③ [확인]을 클릭합니다.

08 폰트: Noto Sans KR, Medium, 사이즈: 60픽셀로 설정합니다.

09 ① 제목 아래 부분을 클릭하고 두 줄 정도 내용을 입력한 후 옵션 패널의 ② [확인]을 클릭합니다. ③ 속성 패널에서 **사이즈를 40픽셀**로 설정하고 ④ **행간을 50픽셀**로 설정합니다.

10 ① [이동 도구(✛)]를 클릭해 ② 제목 문자 와 정렬을 맞춘 후 제목 문자에 붙여 줍니 다. ③ Shift 를 누른 채 방향키 ↓ 를 4번 눌 러 40px 정도 간격을 띄워 배치합니다.

TIP   옵션 패널과 속성 패널

옵션 패널은 도구 선택 시 해당 도구를 설정할 수 있는 항목이 나타나며 속성 패널은 레이어 선택 시 해당 레이어를 설정할 수 있는 항목이 나타납니다. 옵션 패널에 비해 속성 패널 항목이 더 많지만 기본 기능은 동일합니다. 작업 중 동선이 편한 곳에서 사용하는 것이 좋습니다.

11 레이어 패널에서 ① 제목 문자 레이어를 클릭한 후 ② [Shift]를 누른 채 내용 문자 레이어를 클릭하고 ③ 문자를 적당한 위치로 배치합니다.

카드뉴스 두 번째 내지 만들기

'내지1'을 복사해 캔버스를 생성하고 이미지와 내용을 교체해 카드뉴스의 두 번째 내지를 만들어 보겠습니다. '내지1'의 디자인과 같이 배경 이미지에 있는 색상을 활용하겠습니다.

01 ① [내지1]을 클릭하고 ② [Alt]를 누른 상태에서 오른쪽으로 드래그해 '내지1'을 복사합니다.

02 레이어 패널에서 '내지1 복사' 그룹 레이어를 더블 클릭하여 **내지2**로 수정합니다.

03 예제 폴더에서 **주상절리**.jpg 이미지를 내지
2 캔버스로 드래그합니다.

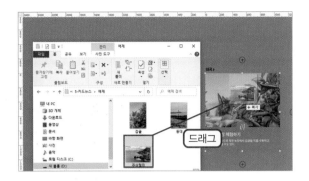

04 레이어 패널에서 ① '주상절리' 레이어를 '사각형 2' 레이어 아래 배치한 후 ② Ctrl + T 를 누릅니다. ③
Alt 를 누른 채 드래그하여 사이즈를 적당히 키워준 후 ④ Enter 를 누릅니다.

05 레이어 패널에서 '내지2' 그룹의 ① '01' 레
이어의 섬네일을 더블 클릭합니다. 캔버스
에서 '01'이 선택되면 ② 02를 입력합니다.

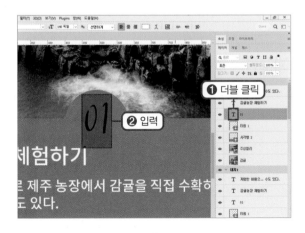

06 '내지2' 그룹의 ① '감귤농장 체험하기' 레이어의 섬네일을 더블 클릭하고 ② **주상절리 관광하기**를 입력합니다. 같은 방법으로 내용 문자도 수정합니다.

07 레이어 패널에서 '내지2' 그룹의 ① '사각형 2' 레이어의 섬네일을 더블 클릭하여 색상 피커 창을 열어 줍니다. ② **색상: #21a9d5**를 입력한 후 ③ [확인]을 클릭하여 색상을 변경합니다.

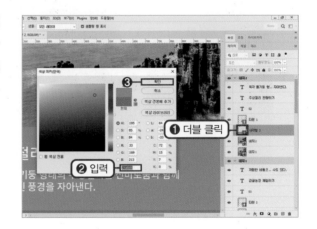

08 07과 같은 방법으로 '타원 1' 레이어의 타원 색상도 변경합니다.

여러 장의 이미지 내보내기

완성된 카드뉴스는 표지, 내지1, 내지2처럼 여러 장의 이미지로 되어 있습니다. 한 번에 여러 장의 이미지를
·저장하는 방법을 알아보겠습니다.

01 ① [파일] 〉 ② [내보내기] 〉 ③ [내보내기 형
식]을 선택하거나 단축키 Alt + Shift + Ctrl
+ W 를 누릅니다.

02 내보내기 형식 창에서 ① [모두 선택]에 체
크되어 있는지 확인하고 ② 형식을 [JPG]로
선택한 후 ③ [내보내기]를 클릭합니다. 이
후 폴더를 선택하여 저장합니다.

Lesson

02 문자로 구성된 카드뉴스 만들기

앞에 예제에서 이미지로 구성된 카드뉴스를 만들어 보았다면, 이번에는 이미지를 사용하지 않고 문자와 기본 패턴으로 구성된 카드뉴스를 만드는 방법을 알아보겠습니다. 적절하게 사용할 이미지 소스가 없을 때 응용하면 좋습니다. 예제에서는 탄소중립을 주제로 이를 실천하는 방안을 소개하는 카드뉴스를 만들어 보겠습니다.

Design Point

• 콘텐츠의 내용이 잘 드러날 수 있게 디자인하고 제목을 구성합니다.
• 모바일 환경을 고려하여 가독성 있게 문자를 배치합니다.

디자인 미리보기

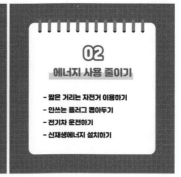

• **완성 파일:** Ch05\02\완성\탄소중립_카드뉴스.psd
• **사용 폰트:** 여기어때 잘난체
• **작업 사이즈:** 1080 × 1080px

아트보드 기능 없이 카드뉴스 표지 배경 만들기

아트보드 기능은 포토샵CC 버전부터 사용 가능합니다. 포토샵CC 이전 버전으로 예제를 따라 하는 독자분들과 아트보드 기능을 사용하지 않고 작업 영역을 심플하게 작업하고 싶은 분들을 위해 아트보드 기능 없이 카드뉴스를 만드는 방법을 알아보겠습니다.

01 ① Ctrl + N을 눌러 새로운 문서 만들기 창을 열고 제목에 ② **탄소중립_카드뉴스**를 입력합니다. ③ **폭: 1080픽셀, 높이: 1080픽셀, 해상도: 72픽셀/인치**로 설정한 후 [아트보드]에 체크하지 않고 ④ [만들기]를 클릭합니다.

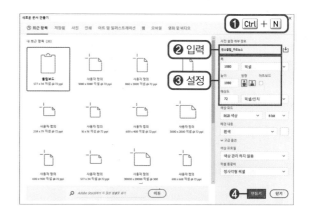

02 캔버스가 생성되었으면 레이어 패널의 ① 조정 아이콘(⬤)을 클릭하고 ② [단색]을 선택합니다. 레이어 패널에서 ③ '색상 칠 1' 레이어의 섬네일을 더블 클릭하여 색상 피커 창이 열리면 색상코드를 ④ **#128654**로 입력한 후 ⑤ [확인]을 클릭하여 캔버스의 배경색을 변경합니다.

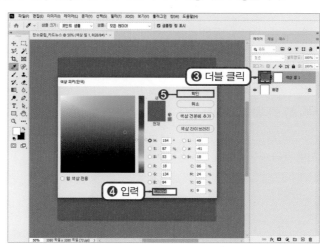

말풍선 모양 만들기

말풍선 모양은 비교적 만들기 쉽고, 다양하게 활용하기 좋은 소스입니다. 말풍선 모양을 만들어 복사한 후 두 개의 말풍선을 겹쳐 표지의 디자인 포인트로 사용하겠습니다.

01 도구 패널에서 ① [사각형 도구(▢)]를 클릭하고 옵션 패널에서 ② **칠: #ffffff, 획: 없음**으로 설정한 후 ③ 캔버스를 클릭합니다. 사각형 만들기 창이 열리면 ④ **폭: 860픽셀, 높이: 550픽셀**로 설정하고 ⑤ [확인]을 클릭합니다.

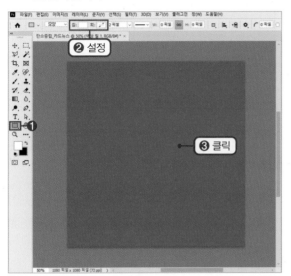

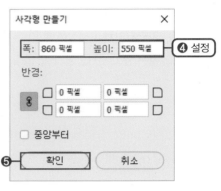

02 도구 패널의 ① [이동 도구(✛)]를 클릭한 후 ② 사각형을 캔버스 가운데 배치합니다. ③ [사각형 도구(▢)]를 클릭하고 ④ 사각형 모서리에 있는 조절점을 안쪽으로 끝까지 드래그해 모서리를 둥글게 만듭니다.

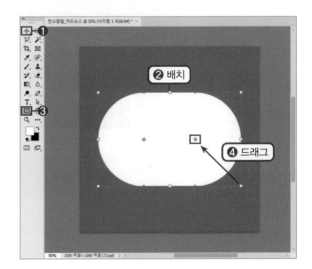

03 말풍선의 꼬리 부분을 만들기 위해 [사각형 도구(▢)]를 길게 클릭해 ① [삼각형 도구(△)]를 선택하고 ② 캔버스를 클릭합니다. 삼각형 만들기 창이 뜨면 ③ **폭: 90픽셀, 높이: 50픽셀**로 설정한 후 ④ [확인]을 클릭합니다.

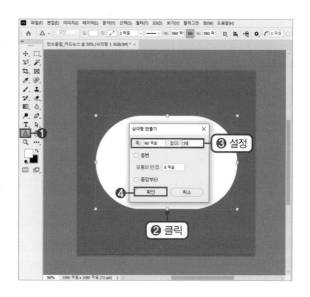

04 ① Alt + 마우스 휠로 화면을 확대하고 ② 조절점에 마우스를 올려 마우스 커서가 회전 모양 화살표로 바뀌면 ③ Shift를 누른 채 드래그하여 뾰족한 부분이 아래를 향하게 삼각형을 회전합니다.

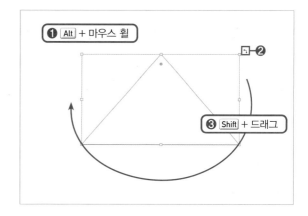

05 ① 도구 패널의 [이동 도구(✛)]를 클릭하고 ② 도형 아래 부분에 살짝 겹치게 배치합니다.

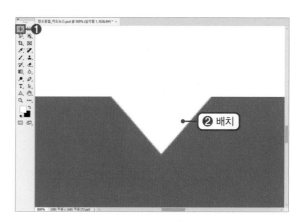

06 ① Alt + 마우스 휠로 화면을 축소하고 레이어 패널에서 ② '사각형 1' 레이어를 클릭합니다. ③ Shift를 누른 채 '삼각형 1' 레이어를 클릭한 후 ④ Ctrl + A를 눌러 모든 영역을 선택합니다. 옵션 패널에서 ⑤ 세로 가운데 정렬 아이콘(🔳)을 클릭하여 정렬하고 ⑥ Ctrl + D를 눌러 선택 영역을 해제합니다.

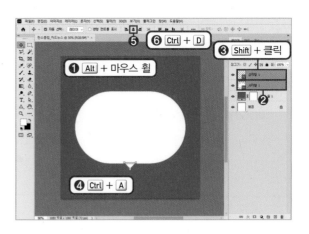

07 레이어 패널에서 선택된 두 레이어를 마우스 오른쪽 버튼으로 클릭하여 ① [모양 병합]을 선택합니다. ② 병합된 레이어의 이름을 **말풍선**으로 변경하고 ③ '+' 아이콘(⊞)으로 드래그하여 레이어를 복제합니다. ④ 복제한 레이어의 이름은 **말풍선 테두리**로 변경합니다.

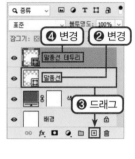

08 '말풍선 테두리' 레이어는 속성 패널에서 **칠: 없음, 획: #333333, 8픽셀, 맞춤: 안쪽**으로 설정합니다.

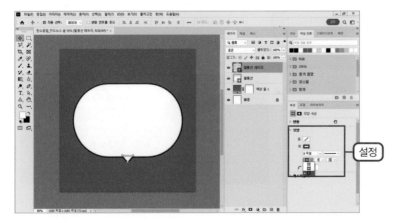

09 레이어 패널에서 ① '말풍선' 레이어를 선택
하고 ② Ctrl + T를 눌러 대각선 방향으로
약간 기울여 줍니다.

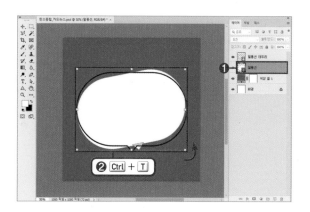

TIP 겹쳐진 레이어 선택하기

선택할 레이어가 다른 레이어와 겹쳐있어 캔버스에서 선택이 어렵다면 레이어 패널에서 선택하여 작업합니다.

카드뉴스 표지 제목 입력하고 효과 넣기

레이어 스타일의 그림자 효과에는 일반적으로 오브젝트 바깥쪽으로 사용하는 드롭 섀도와 오브젝트 안쪽으
로 효과를 줄 수 있는 내부 그림자가 있습니다. 드롭 섀도와 내부 그림자 효과를 사용해 카드뉴스의 표지 제
목을 입체적인 느낌으로 강조해 보겠습니다.

01 도구 패널의 ① [수평 문자 도구(T.)]를 클릭합니다. 옵션 패널에서 ② **폰트: 여기어때 잘난체, 사이즈:
140픽셀, 단락: 가운데 정렬**로 설정합니다. ③ 색상을 클릭하여 배경색을 추출하거나 색상 견본에서 최근
사용한 초록색(**#128654**)으로 설정하고 ④ Enter를 누릅니다.

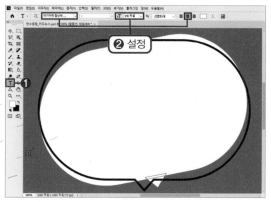
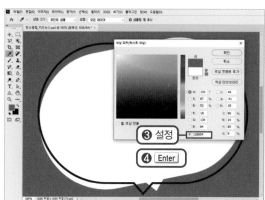

02 ① 말풍선의 가운데 부분을 클릭한 후 ②
탄소중립 실천하기를 두 줄로 입력합니다.

---

03 도구 패널에서 ① [이동 도구(✛)]를 클릭
한 후 속성 패널에서 ② **행간을 160픽셀**로
설정하고 ③ 문자를 캔버스 정중앙에 배치
합니다.

04 레이어 패널에서 ① fx 아이콘(*fx.*)을 클릭
하고 ② [그림자]를 선택하여 레이어 스타일
창을 열어 줍니다.

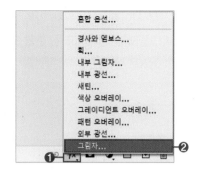

05 레이어 스타일 창에서 ① [드롭 섀도]를 선
택하고 ② 혼합 모드: 표준, 색상: #78d9af,
불투명도: 100%, 각도: 145°, 거리: 3px, 스
프레드: 0%, 크기: 0px로 설정합니다.

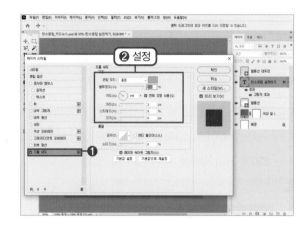

06 드롭 섀도 오른쪽에 ① + 아이콘(⊞)을 클
릭하고 ② **거리: 6px**로 설정합니다. 같은
방법으로 세 번째 드롭 섀도는 **거리: 9px**
네 번째 드롭 섀도는 **거리: 12px**로 3씩 늘
어나게 거리를 설정합니다.

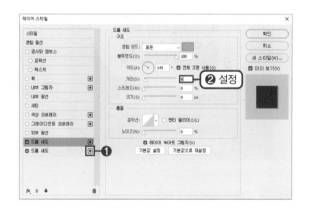

TIP **전체 조명 사용**

드롭 섀도의 각도를 입력하는 곳 오른쪽에 [전체 조명 사용]이 있습니다. [전체 조명 사용]에 체크되어 있는 경우 모든
레이어 효과의 각도가 동일한 값으로 적용됩니다.

07 ① [획]을 선택합니다. ② 사이즈: 4px, 위치: 안쪽, 혼합 모드: 표준, 불투명도: 100%, 색상: #08462b로
설정합니다. ③ [내부 그림자]를 선택하고 ④ 혼합 모드: 표준, 색상: #ffffff, 불투명도: 100%, 거리: 8px,
경계 감소: 0%, 크기: 0px로 설정한 후 ⑤ [확인]을 클릭합니다.

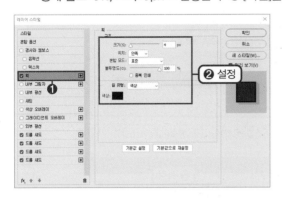 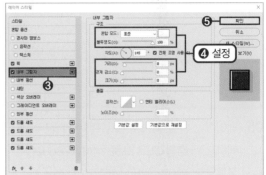

08 도구 패널의 ① [수평 문자 도구(T.)]를 클릭한 후 ② 말풍선 아래 가운데 부분을 클릭합니다. 속성 패널
에서 ③ 사이즈: 40픽셀, 행간: 60픽셀, 색상: #ffffff로 설정하고 ④ 부가 문자를 두 줄로 입력합니다. ⑤
ESC를 눌러 입력을 마무리합니다.

> **TIP** ESC로 입력 닫기 설정
>
> ESC로 입력 닫기가 안 될 경우 Ctrl + K를 눌러 환경 설정 창이 뜨면 [문자]에서 [ESC 키를 사용하여 문자 수행]에
> 체크하고 [확인]을 클릭합니다.

09 ① 말풍선 위 가운데 부분을 클릭하고 속성 패널에서 ② **사이즈: 300픽셀**로 설정합니다. ③ 큰따옴표를 두 번 입력하고 큰따옴표 중 ④ 앞에 있는 따옴표는 삭제합니다.

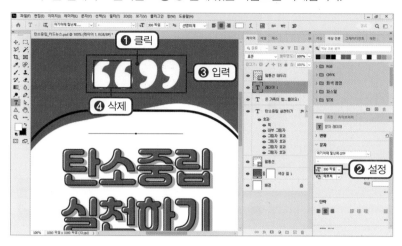

10 따옴표 레이어가 선택된 상태에서 도구 패널의 ① [이동 도구(✛)]를 클릭한 후 속성 패널에서 ② [색상] 을 클릭합니다.

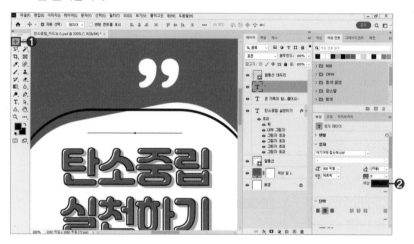

11 색상 피커 창이 열리면 ① **색상코드: #333333**을 입력하고 ② [확인]을 클릭합 니다.

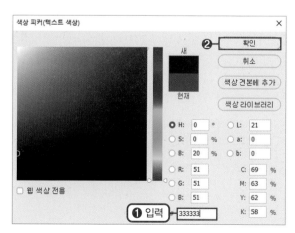

12 작업 캔버스에서 큰따옴표를 말풍선 윗부
분과 겹쳐지게 배치합니다.

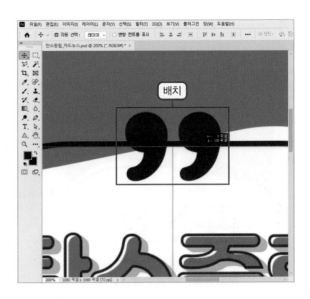

13 레이어 패널에서 ① '"' 레이어를 '말풍선
테두리' 레이어 위로 드래그하여 이동하고
② 따옴표 레이어의 빈 곳을 더블 클릭하여
레이어 스타일 창을 엽니다.

14 ① [획]을 선택한 후 ② **크기: 10px, 위치:
바깥쪽, 혼합 모드: 표준, 불투명도: 100%,
색상: #ffffff로 설정한 후** ③ [확인]을 클릭합
니다.

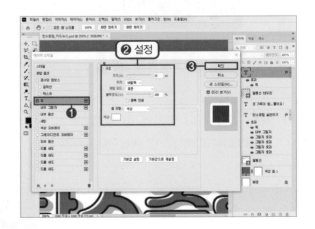

15 레이어 패널에서 배경과 색상 칠 레이어를 제외한 ① 모든 레이어를 Shift로 선택하고 ② 방향키를 이용해 중앙으로 옮겨 줍니다.

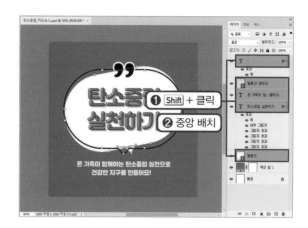

카드뉴스 표지 배경에 패턴 넣기

포토샵에서는 다양한 모양의 패턴을 제공하고 있어 디자인적으로 꾸밈 요소가 부족하거나 밋밋해 보일 때 사용하면 좋습니다. 이번에는 카드뉴스 표지 배경에 패턴을 넣어 디자인하는 방법을 알아보겠습니다. 예제에서 사용한 패턴 이외에도 유용한 패턴이 많으니 한 번씩 사용해 보세요.

01 메뉴 ① [창] 〉 ② [패턴]을 선택합니다. 패턴 패널이 열리면 ③ 메뉴 아이콘(≣)을 클릭하고 ④ [레거시 패턴 및 기타]를 선택하여 레거시 패턴을 추가합니다.

02 레이어 패널에서 ① '색상 칠 1' 레이어의 빈 곳을 더블 클릭하여 레이어 스타일 창을 열고 ② [패턴 오버레이]를 선택합니다. ③ **혼합 모드: 나누기, 불투명도: 15%**로 설정한 후 ④ [패턴]을 클릭합니다. [레거시 패턴 및 기타] 〉 [기존 패턴] 〉 [패턴]을 선택하고 ⑤ 모눈종이 모양을 클릭한 후 ⑥ [확인]을 클릭합니다.

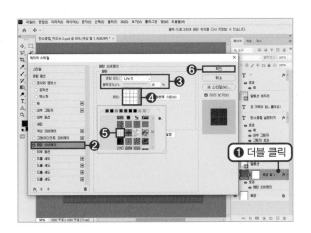

03 레이어 패널에서 ① '색상 칠 1' 레이어를 클릭한 후 ② **Shift**를 누른 채 '"' 레이어를 클릭합니다. 배경 레이어를 제외한 모든 레이어를 선택합니다.

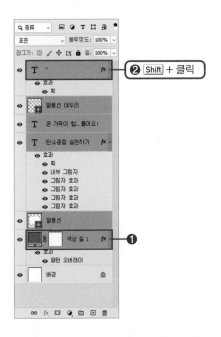

04 ① 폴더 모양 아이콘(📁)을 클릭하여 그룹으로 묶고 그룹명을 ② **표지**로 변경합니다.

카드뉴스 내지 만들기

카드뉴스의 표지를 완성하였으니 내지를 두 장 만들어 보겠습니다. 표지에서 사용한 말풍선 모양과 더불어
콘텐츠 디자인에서 자주 사용되는 메모지 모양으로 내지를 디자인해 보겠습니다.

01 '표지' 그룹 레이어에서 ① '색상 칠 1' 레이
어를 Alt 를 누른 채 '배경' 레이어 위로 드
래그하여 복제합니다. 복제 후 그룹을 닫고
② '표지' 그룹 레이어의 눈(👁)을 꺼주세
요.

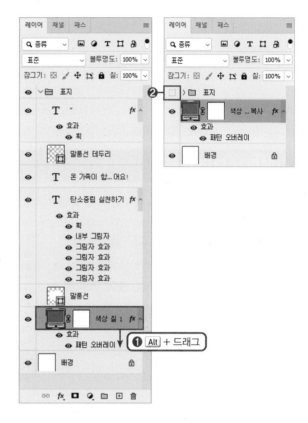

02 도구 패널의 ① [사각형 도구(▢)]를 클릭
하고 옵션 패널에서 ② 칠: #ffffff, 획: 없음
으로 설정한 후 ③ 캔버스를 클릭합니다. 사
각형 만들기 창에서 ④ 폭: 830픽셀, 높이:
890픽셀, 반경: 40픽셀로 모두 동일하게
설정하고 ⑤ [확인]을 클릭합니다.

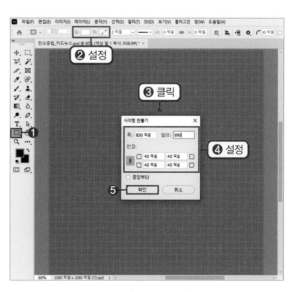

03 도구 패널의 ① [이동 도구(✛)]를 클릭하고 ② 사각형을 캔버스 가운데 배치합니다. ③ Shift 를 누른 채 방향키 ↓ 를 한 번 눌러 10px 내려 줍니다. 레이어 패널에서 사각형 레이어의 이름을 ④ **메모지**로 변경합니다.

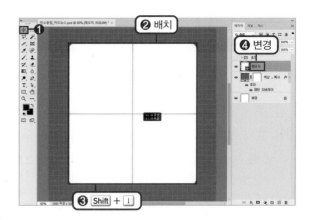

메모지 모양 만들기

조금 더 메모지 느낌이 나도록 사각형 도형 위에 스프링 모양을 추가해 메모지처럼 만들어 보겠습니다.

01 도구 패널의 ① [사각형 도구(▢)]를 클릭하고 ② 캔버스를 클릭하여 사각형 만들기 창을 띄우고 ③ **폭: 20픽셀, 높이: 75픽셀, 반경 10픽셀**로 모두 동일하게 설정하고 ④ [확인]을 클릭합니다.

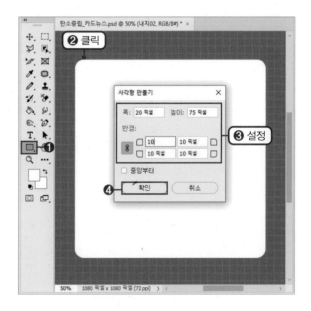

02 레이어 패널에서 ① '사각형 1' 레이어의 섬네일을 더블 클릭하여 색상 피커 창이 열리면 ② 색상코드를 #999999로 입력하고 ③ [확인]을 클릭합니다.

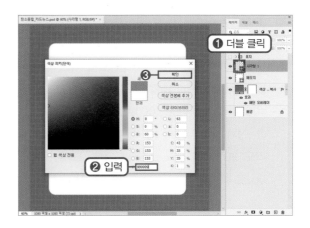

03 도구 패널의 ① [이동 도구(⊕)]를 클릭해 ② 흰색 사각형 왼쪽 위에 그림과 같이 배치합니다. ③ Alt 와 Shift 를 누른 채 드래그하여 오른쪽 끝 비슷한 위치에 복사합니다. 같은 방법으로 ④ 두 사각형 사이에 10 개를 더 복사합니다.

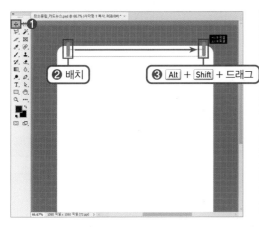

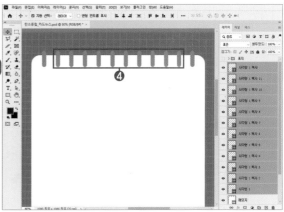

04 레이어 패널에서 ① 복제된 사각형 레이어를 포함하여 총 12개의 사각형 레이어를 Shift 로 선택하고 ② 세로 간격 정렬 아이콘 (▮▮)을 클릭하여 사이사이 간격을 균등하게 정렬합니다. 레이어 패널의 ③ 폴더 모양의 아이콘(▢)을 클릭하거나 단축키 Ctrl + G 를 눌러 그룹으로 만듭니다.

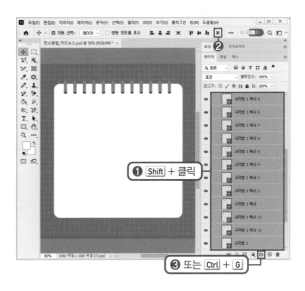

05 ① 그룹명을 **스프링**으로 변경합니다. ② '스프링' 그룹 레이어의 빈 곳을 더블 클릭하여 레이어 스타일 창을 열고 ③ [드롭 섀도]를 선택합니다. ④ **혼합 모드: 표준, 색상: #063923, 불투명도: 100%**로 설정합니다. ⑤ [전체 조명 사용]에 체크를 해제한 후 ⑥ **각도: 90˚, 거리: 8px, 스프레드: 0%, 크기: 0px**로 설정하고 ⑦ [확인]을 클릭합니다.

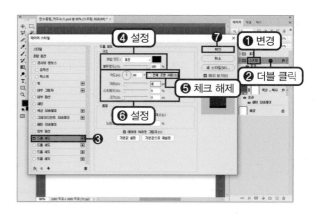

카드뉴스 내지 본문 입력하기

이미지 없이 문자로만 구성된 카드뉴스는 디자인적으로 심심해 보일 수 있습니다. 이 경우 숫자를 사용하여 디자인에 포인트를 줄 수 있습니다. 메모지 위에 숫자를 크게 입력한 후 아래 카드뉴스 내지의 본문을 입력하겠습니다.

01 도구 패널에서 ① [수평 문자 도구(T)]를 클릭한 후 옵션 패널에서 ② **폰트: 여기어때 잘난체, 사이즈: 100픽셀, 단락: 가운데 정렬, 색상: #ffffff**로 설정하고 ③ 메모지 윗부분을 클릭한 후 01을 입력합니다. 레이어 패널에서 ④ '01' 레이어의 빈 곳을 더블 클릭합니다.

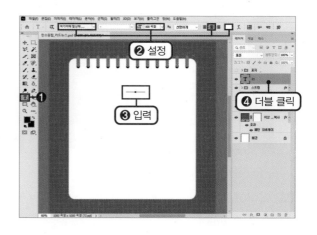

02 레이어 스타일 창에서 ① [획]을 선택하고 ② **크기: 10px, 위치: 바깥쪽, 혼합 모드: 표준, 불투명도: 100%, 색상: #128654**로 설정하고 ③ [확인]을 클릭합니다.

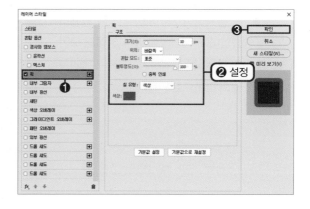

03 ① '01' 아래 부분을 클릭하고 옵션 패널에서 ② **사이즈: 60픽셀, 색상: #128654**로 설정한 후 ③ **일회용품 사용 줄이기**를 입력합니다.

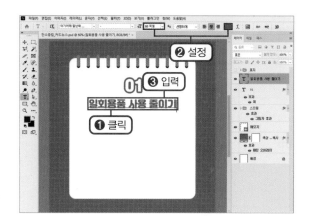

04 도구 패널의 ① [사각형 도구(□)]를 클릭하고 옵션 패널에서 ② **칠: #fff158**로 설정한 후 문자 위에 ③ 형광펜으로 밑줄 친 듯한 느낌으로 드래그합니다. 레이어 패널에서 ④ '사각형 2' 레이어를 '일회용품 사용 줄이기' 레이어 아래로 드래그합니다.

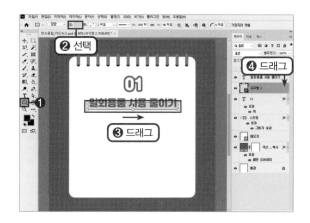

05 도구 패널의 ① [수평 문자 도구(T)]를 클릭한 후 ② 메모지 아래 빈 부분을 클릭합니다. 속성 패널에서 ③ **사이즈: 40픽셀, 행간 80픽셀, 색상: #333333**으로 설정한 후 ④ **단락: 왼쪽 정렬**로 설정합니다. ⑤ 그림과 같이 내용을 입력합니다. 문자로 구성된 카드뉴스를 완성하였습니다.

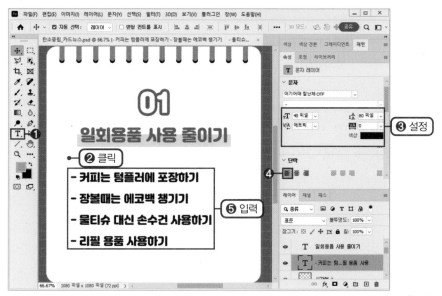

TIP 레이아웃 정리하기

문자를 입력한 후 도구 패널의 [이동 도구(✛)]를 클릭하고 방향키를 이용해 전체적인 위치를 조절하는 것이 좋습니다.

06 ① '색상 칠 1 복사' 레이어를 클릭한 후 ② Shift 를 누른 채 '일회용품 사용 줄이기' 레이어를 클릭하여 내지에 생성된 레이어를 모두 선택합니다. ③ Ctrl + G 를 눌러 그룹화한 후 그룹명을 ④ **내지1**로 변경합니다.

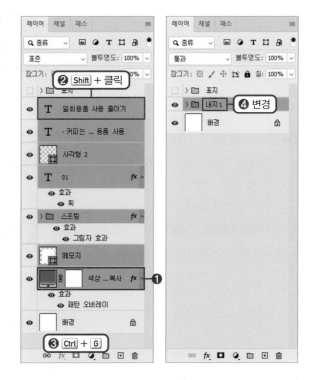

완성한 내지 템플릿 응용하기

카드뉴스의 내지가 여러 장일 경우 동일한 템플릿을 사용해 반복 작업하면 작업 시간을 단축할 수 있습니다. 완성한 '내지1' 그룹 레이어를 복제한 후 내용을 바꿔 두 번째 내지를 만들어 보겠습니다.

01 레이어 패널에서 ① '내지1' 그룹 레이어를 Ctrl + J 로 복제하고 ② '내지1' 그룹 레이어 아래로 드래그 한 후 그룹명을 ③ **내지2**로 변경합니다.

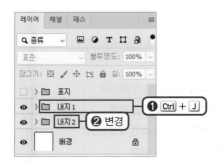

02 ① '내지1' 그룹 레이어의 눈(◉)을 끄고 ②
'내지2' 그룹을 열어 ③ 수정할 문자 레이어
섬네일을 각각 더블 클릭하고 내용을 수정
합니다. ④ 형광펜 효과를 주었던 '사각형 2'
레이어를 선택한 후 ⑤ Ctrl + T 를 눌러 변
경된 제목에 맞춰 사각형의 사이즈를 수정
합니다.

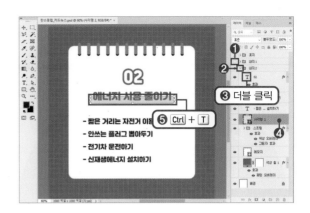

TIP **빠른 내보내기**

레이어 패널에서 이미지 형식으로 저장할 레이어 또는 레이어 그룹을 선택한 후 마우스 오른쪽 버튼으로 클릭합니다.
[내보내기 형식]을 클릭하면 파일 형식을 설정할 수 있는 창이 뜨고 [PNG으(로) 빠른 내보내기]를 선택하면 지정한
폴더에 이미지가 PNG로 저장됩니다.

빠른 내보내기의 형식은 메뉴 [편집] > [환경 설정] > [내보내기]에서 변경할 수 있습니다.

   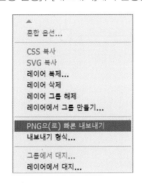

Chapter

06

소상공인이나 개인 사업을 운영한다면 마케팅을 위한 홈페이지는 필수입니다. 그러나 개인이 홈페이지를 만들려면 홈페이지 주소를 생성하고, HTML 문서를 이해하는 등 비교적 복잡하고 어려운 과정이 필요합니다. 블로그를 홈페이지형으로 디자인하여 활용하면 이런 복잡한 과정을 거치지 않아도 됩니다. 블로그를 홈페이지처럼 보이게 할 수 있는 홈페이지형 블로그 스킨을 만드는 방법에 대해 알아보겠습니다.

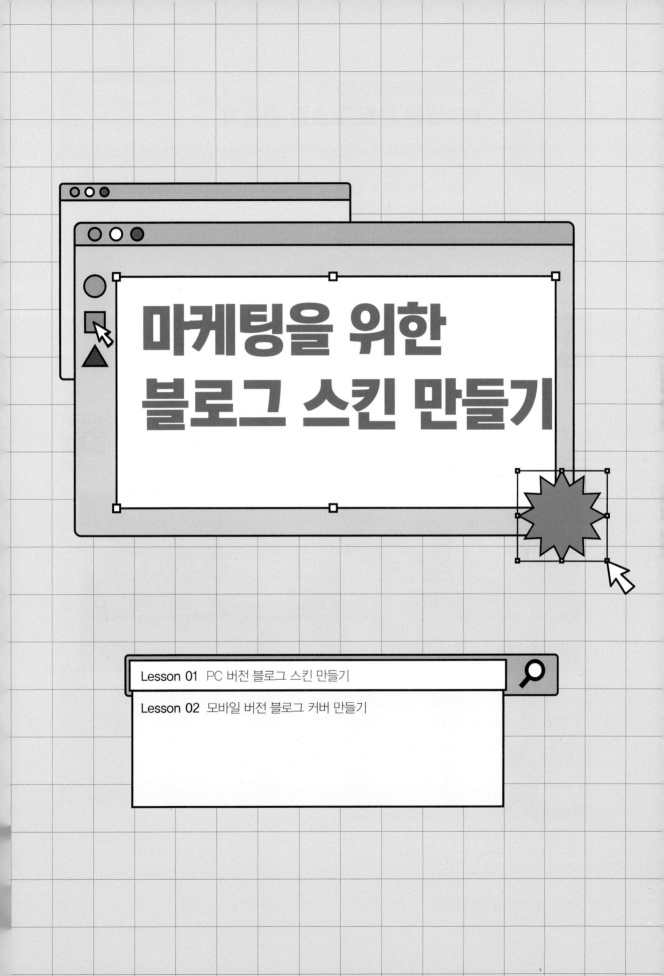

마케팅을 위한 블로그 스킨 만들기

Lesson
01 PC 버전 블로그 스킨 만들기

카페 메뉴와 이벤트를 홍보하는 목적으로 개설한 블로그의 스킨을 디자인해 보겠습니다.
블로그는 PC와 모바일 두 가지 방법으로 모두 사용할 수 있습니다. 먼저 PC 버전에 적용
할 블로그 스킨을 만들어 보겠습니다. 생각보다 어렵지 않으니 천천히 따라 해보세요.

Design Point

• 블로그 스킨은 방문자가 마주하는 첫 화면이기 때문에 홍보하고 싶은 문구를 넣어 디자인합니다.
• 블로그 규정에 맞는 가이드라인을 참고하여 블로그 스킨에 넣을 위젯의 위치를 배치합니다.
• 블로그의 주제와 연관된 이미지를 사용해 블로그의 정체성을 나타냅니다.

디자인 미리보기

• **예제 파일:** Ch06\01\예제\커피.jpg, 전체화면가이드.psd
• **완성 파일:** Ch06\01\완성\PC용_블로그스킨.psd
• **사용 폰트:** a AutoSignature, Noto Sans KR
• **작업 사이즈:** 2000 × 700px

홈페이지형 블로그 스킨 디자인하기

홈페이지형 블로그 스킨을 만들 때 일반적으로 많이 사용하는 사이즈인 '2000×700px'로 블로그 스킨을 만들어 보겠습니다. 미리 만들어 둔 PC 버전의 블로그 스킨 가이드를 예제 폴더에서 가져와 개인 카페를 홍보하는 목적의 홈페이지형 블로그 스킨으로 디자인하겠습니다.

01 Ctrl + O를 눌러 **전체화면가이드.psd** 파일을 열어 줍니다. 위젯을 배치할 수 있는 영역을 표시해 놓은 가이드라인이 보이며 가이드라인이 보이지 않을 때는 Ctrl + ;을 눌러 줍니다.

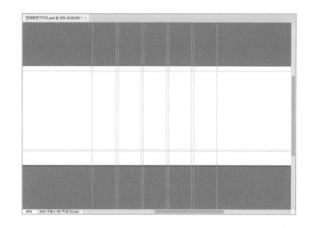

작업하기 전에 | **홈페이지형 블로그 스킨에 위젯 배치하기**

PC 버전에서는 블로그 스킨에 위젯을 만들고, 위젯을 클릭하면 인스타그램이나 페이스북, 블로그 게시판 등 위젯과 연결된 링크로 이동하게 만들 수 있습니다. 한 줄에 5개의 위젯을 넣을 수 있고, 블로그 스킨에 위젯을 넣기 위해서는 가이드라인 영역에 맞춰 위젯을 배치해야 합니다. 스킨을 완성한 후 위젯을 설정하고 싶다면 인터넷에서 '홈페이지형 블로그 만들기'를 검색하여 정보를 얻을 수 있습니다.

02 예제 폴더에서 ① **커피.jpg** 이미지를 캔버스로 드래그하고 ② Alt를 누른 채 드래그하여 캔버스에 가득 찰 정도로 사이즈를 키운 다음 ③ Enter를 누릅니다.

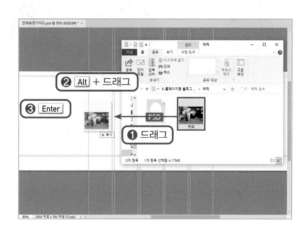

03 블로그 스킨에 카페 이름을 넣기 위해 도구 패널에서 ① [수평 문자 도구(T)]를 클릭한 후 옵션 패널에서 ② 폰트: a Auto Signature, 사이즈: 40픽셀, 단락: 가운데 정렬, 색상: #ffffff로 설정합니다. ③ 캔버스 위쪽 가운데 부분을 클릭한 후 Ed Coffee를 입력하고 ④ Esc 를 눌러 입력을 닫습니다.

TIP **블로그 스킨을 디자인할 때 주의할 점**

블로그 스킨 위쪽을 보면 가로로 길게 가이드라인이 있습니다. 이 부분은 블로그 기본 메뉴가 들어가는 부분으로 디자인할 때 문자나 이미지가 겹치지 않게 주의해야 합니다.

---

04 이미지에서 ① 커피잔 오른쪽 부분의 빈 공간을 클릭하고 속성 패널에서 ② 폰트: Noto Sans KR, Regular, 사이즈: 45픽셀, 행간: 54픽셀, 단락: 왼쪽 정렬로 설정한 후 ③ 홍보 문자를 입력합니다.

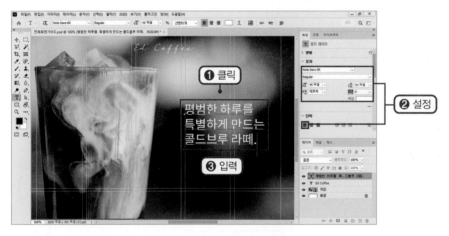

05 ① 강조할 문자를 드래그한 후 속성 패널에서 ② 폰트 두께를 Bold로 설정합니다.

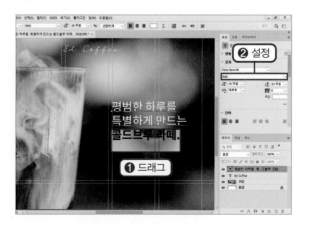

홈페이지형 블로그 스킨 메뉴 만들기

메뉴명이 잘 보이고 가독성을 높이는 방법을 알아보겠습니다. 블로그 스킨 가이드라인을 기준으로 하단에 5개 영역의 메뉴를 만들고, 사각형의 불투명 레이어를 추가하여 디자인해 보겠습니다.

01 도구 패널에서 ① [사각형 도구(▢)]를 클릭한 후 옵션 패널에서 ② **칠: #49281c, 획: 없음**으로 설정하고 ③ 캔버스를 클릭합니다. 사각형 만들기 창이 뜨면 ④ **폭: 2000픽셀, 높이: 100픽셀, 반경: 0픽셀**로 설정한 후 ⑤ [확인]을 클릭합니다.

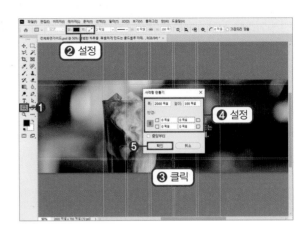

TIP **도형을 만들 때 사이즈 설정하기**

도형을 만들 때 옵션 패널에서 사이즈를 지정한 후 캔버스를 클릭하여 바로 원하는 사이즈의 도형을 만들 수도 있고, 캔버스를 클릭한 후 만들기 창이 뜨면 폭과 높이의 값을 입력하여 설정할 수도 있습니다. 기능의 차이는 없으니 편한 방법으로 사이즈를 설정하세요.

02 도구 패널의 ① [이동 도구(✛)]를 클릭한 후 ② 사각형을 캔버스 아래 부분에 맞춰 배치합니다. 레이어 패널에서 ③ '사각형 1' 레이어의 **불투명도를 50%**로 설정합니다.

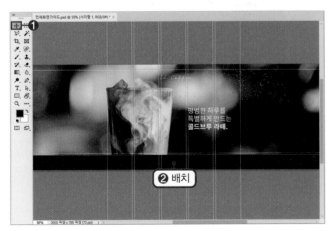

03 가이드라인 영역 안쪽에 다섯 개의 메뉴 명을 입력합니다. 도구 패널의 ① [수평 문자 도구(T.)]를 클릭한 후 옵션 패널에서 ② 폰트: Noto Sans KR, Regular, 사이즈: 15픽셀, 앤티 앨리어스: 선명하게, 단락: 가운데 정렬, 색상: #ffffff로 설정합니다. ③ Enter를 누른 후 ④ 첫 번째 칸에 메뉴를 입력하고 ⑤ Esc를 눌러 입력을 닫습니다.

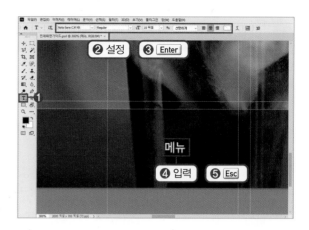

04 나머지 칸의 가운데를 클릭한 후 **디저트, 소개, 이벤트, 오시는 길**을 입력합니다.

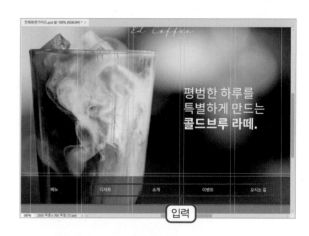

05 메뉴명을 다 입력하였으면 ① '메뉴'와 '디저트' 사이를 클릭하고 속성 패널에서 ② [색상]을 클릭합니다.

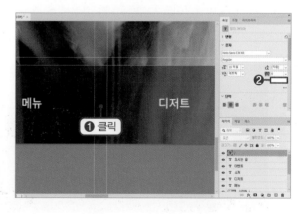

06 색상 피커 창이 열리면 ① **색상코드:
#89675d**로 입력한 후 ② [확인]을 클릭합
니다.

07 '메뉴'와 '디저트' 사이에 구분선 /을 입력
합니다. 나머지 메뉴명 사이에도 구분선 /
을 입력하고 블로그 스킨의 메뉴를 완성합
니다.

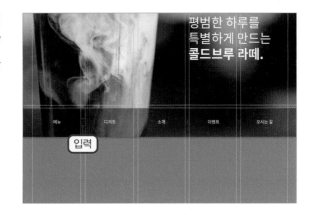

08 도구 패널에서 ① [이동 도구(✛)]를 클릭
한 후 레이어 패널에서 ② Shift 를 누른 채
'메뉴', '디저트', '소개', '이벤트', '오시는 길'
레이어를 클릭하고 ③ '/' 레이어를 모두 선
택합니다. 옵션 패널에서 ④ 가로 가운데 정
렬 아이콘(✛)을 클릭해 완성합니다.

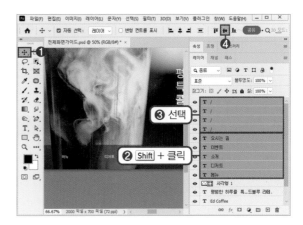

실전 가이드!
블로그 스킨 적용하고 위젯 등록하기

완성한 블로그 스킨을 실제 내 블로그에 적용하는 방법을 알아보겠습니다. 블로그 스킨 이미지를 등록한 후 등록한 스킨 이미지가 보일 수 있도록 상단 영역에는 공간 위젯 소스를 이용해 공간을 확보하고, 메뉴 부분은 투명 위젯에 링크를 연결하여 등록해 보겠습니다.

📁 예제 파일 | Ch06\01\실전\PC용_블로그스킨.jpg, 메뉴위젯.png, 공간위젯소스.txt, 위젯등록소스.txt

스킨 적용하기

01 네이버에 로그인한 후 ① [내 블로그]를 클릭합니다. 내 블로그에서 ② [내 메뉴] 〉 ③ [세부 디자인 설정]을 클릭합니다.

02 리모콘 메뉴에서 ① [스킨배경]을 클릭하고 ② [직접등록] 탭을 클릭합니다. 상단 영역의 ③ [파일 등록]을 클릭하여 적용할 스킨 이미지를 불러옵니다.

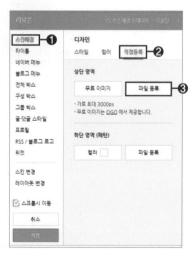

03 리모콘 메뉴에서 ① [타이틀]을 클릭하고 블로그 제목의 ② [표
시]를 체크 해제합니다. 나머지 메뉴는 본인의 취향대로 표시 안
함 또는 기본 값으로 설정합니다.

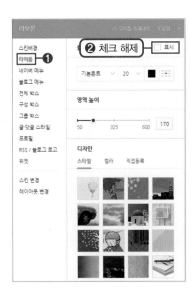

04 리모콘 메뉴의 ① 화살표 아이콘(>)을 눌러 메뉴 창을 접고 ②
[적용]을 클릭합니다.

01 ① [내 메뉴] 〉 ② [글쓰기]를 클릭합니다.

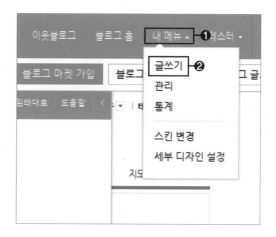

02 ① 제목을 **메뉴위젯**으로 입력하고 ② 사진 아이콘(🖾)을 눌러 예제 파일에서 **메뉴위젯.png** 이미지를 불러옵니다. ③ [발행]을 클릭하여 공개 설정을 ④ [비공개]로 선택한 후 ⑤ [발행]을 클릭합니다.

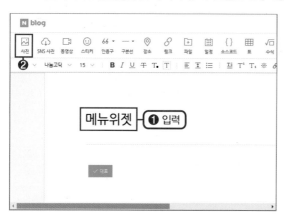

03 위젯을 발행한 후 ① 위젯 이미지를 드래그하여 영역을 확인합니다. 마우스 오른쪽 버튼으로 위젯을 클릭하고 ② [이미지 링크 복사]를 선택한 후 복사한 링크를 임시적으로 메모장에 붙여넣기 합니다.

04 ① [내 메뉴] > ② [관리]를 선택하고 ③ [꾸미기 설정] 탭에서 ④ [레이아웃·위젯 설정]을 선택합니다.

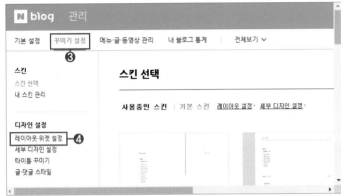

05 ① [위젯직접등록]을 클릭하고 위젯명에 ② **상단영역1**을 입력합니다. 예제 파일에서 ③ **공간위젯소스.txt** 파일을 열어 복사한 후 위젯코드입력란에 붙여넣기 합니다. ④ [다음]을 클릭하여 위젯을 등록합니다. 이와 동일한 방법으로 '상단영역5'까지 총 5개의 동일한 위젯을 등록합니다.

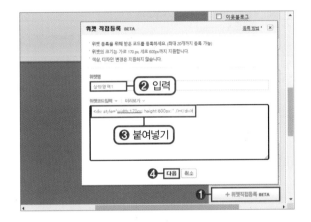

06 위젯 스타일 중 ① 가장 오른쪽 마지막에 있는 스타일을 클릭하고 ② '상단영역1'~'상단영역5'까지의 위젯을 드래그하여 '메뉴 형태' 위젯 아래에 배치합니다. 등록한 스킨 이미지가 보일 수 있도록 상단에 공간을 만들었습니다.

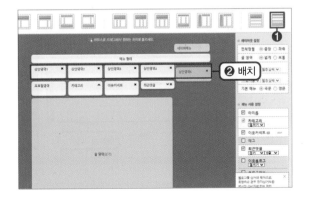

07 이제 예제 폴더에서 **위젯등록소스**.txt 파일을 열고 ① "링크주소" 부분에 카페 메뉴를 소개하는 블로그의
주소를 입력합니다. ② "위젯이미지주소" 부분에는 **03**에서 메모장에 복사해 둔 '메뉴위젯'의 이미지 주소
를 붙여넣고 ③ 전체 소스를 복사합니다.

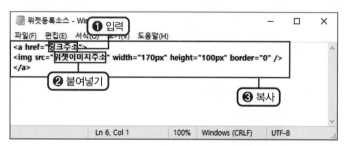

08 ① [위젯직접등록]을 클릭하고 위젯명에 ② **메뉴**를 입력한 후 위젯코드입력란에 ③ 복사한 소스를 붙여넣
기 합니다. 동일한 방법으로 '디저트', '소개', '이벤트', '오시는 길'의 위젯을 등록합니다.

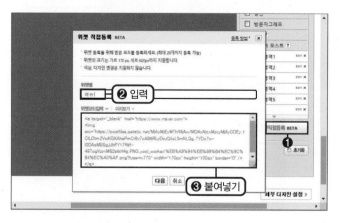

09 ① '메뉴'~'오시는길' 위젯을 드래그하여 '상단영역1~5' 위젯 아래로 배치하고 ② [적용]을 클릭합니다. 투명 위젯에 링크를 연결하고 등록하였습니다.

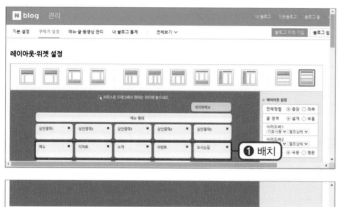

TIP 위젯 위치 확인하기

블로그 스킨을 드래그하면 등록한 위젯의 영역을 확인할 수 있습니다. 선택한 스킨에 따라 위젯의 위치가 다를 수 있으며 위젯의 위치나 여백을 수정하고 싶다면 [레이아웃·위젯 설정] 페이지의 [위젯 사용 설정]에서 각 위젯의 [EDIT]를 클릭하여 수정할 수 있습니다.

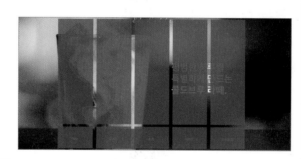

Lesson 02 모바일 버전 블로그 커버 만들기

모바일로 블로그에 들어오는 방문자들도 있기 때문에 마케팅을 목적으로 블로그를 운영한다면 모바일 버전의 블로그 커버를 만들어 적용해야 합니다. 모바일에 최적화된 사이즈로 블로그 커버를 만들어 보겠습니다. PC 버전의 블로그에서는 위젯을 등록하고 링크를 연결할 수 있지만 모바일 버전에서는 링크를 연결할 수 없습니다.

Design Point

• 블로그 커버에 문자를 입력할 때 모바일 화면에서 잘 보이도록 사이즈와 위치를 설정합니다.
• PC 버전에 등록한 블로그 스킨을 참고하여 통일성 있게 디자인합니다.

디자인 미리보기

• **예제 파일:** Ch06\02\예제\커피.jpg, 모바일스킨가이드.psd
• **완성 파일:** Ch06\02\완성\모바일스킨.psd
• **사용 폰트:** Noto Sans KR
• **작업 사이즈:** 740 × 840px

블로그 커버 디자인하기

● ● ●

모바일은 PC보다 화면이 작아 많은 내용이 들어가기 어렵기 때문에 꼭 필요한 내용만 넣어 깔끔하게 디자인 하겠습니다. 미리 만들어 둔 모바일 버전의 가이드를 예제 폴더에서 가져와 디자인합니다.

01 Ctrl + O를 눌러 **모바일스킨가이드.psd** 파일을 열어 줍니다. 가이드라인의 사각형 영역 안쪽에 문자나 주요 이미지를 배치하면 됩니다. 가이드라인이 보이지 않을 때는 Ctrl + ;을 누릅니다.

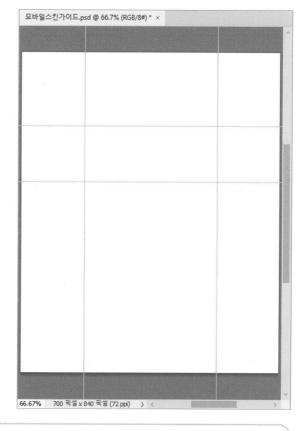

모바일스킨가이드.psd @ 66.7% (RGB/8#) * ×

66.67%   700 픽셀 x 840 픽셀 (72 ppi)

작업하기 전에   모바일 커버 종류

블로그에서 지원하는 모바일 커버 종류는 총 8가지입니다. 커버에 따라 노출되는 영역에 차이가 있지만 예제를 따라하여 만든 커버는 커버 종류에 상관없이 모두 적용할 수 있습니다.

▲ 모바일 커버 종류

02 예제 폴더에서 ① **커피.jpg** 이미지를 캔버스로 드래그하고 이미지의 사이즈를 키워줍니다. 커피잔이 가이드라인 영역과 겹치지 않고 캔버스 가운데 오게 배치한 후 ② Enter 를 누릅니다.

03 도구 패널의 ① [수평 문자 도구(T.)]를 클릭한 후 옵션 패널에서 ② **폰트: Noto Sans KR, Regular, 사이즈: 45픽셀, 단락: 왼쪽 정렬, 색상: #000000**으로 설정하고 ③ 가이드라인 사각형 영역의 왼쪽 위를 클릭하여 문자를 입력합니다.

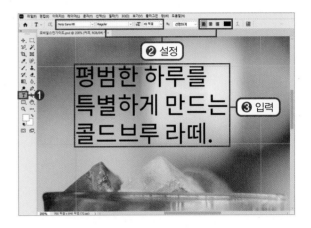

04 ① 강조할 문자를 드래그하고 속성 패널에서 ② 폰트 두께를 Bold로 설정하여 완성합니다. 가이드라인 영역에서 문자가 벗어났다면 도구 패널의 [이동 도구(✛.)]를 클릭한 후 위치를 조절합니다.

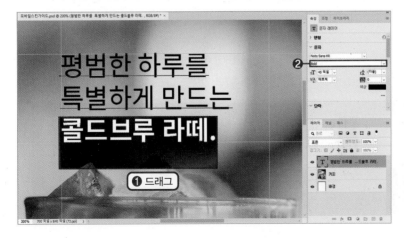

TIP **모바일 버전 블로그 커버 적용하기**

모바일 버전 블로그 커버를 적용하기 위해 블로그 앱을 설치한 후 내 블로그 화면에서
[홈편집]을 클릭하여 커버 이미지를 등록합니다. 모바일의 화면 구조상 커버 이미지에
로고를 넣기보다 블로그명에 상호를 입력하고 프로필 이미지에 로고를 등록하는 것을
추천합니다.

Chapter

07

언택트 시대에 온라인 쇼핑 시장이 넓어지면서 월급 외
부수입을 얻고자 하는 많은 분들이 온라인 쇼핑몰 창업
에 도전하고 있습니다. 다양한 온라인 쇼핑 플랫폼 중
진입 장벽이 낮은 스마트스토어에 도전하는 분들이 많
은 편이기 때문에 스마트스토어 가이드에 맞춰 로고와
배너 등을 만들어 보겠습니다. 저도 N잡러를 꿈꾸고 있
어서 언젠가는 스마트스토어에 도전할 거예요.

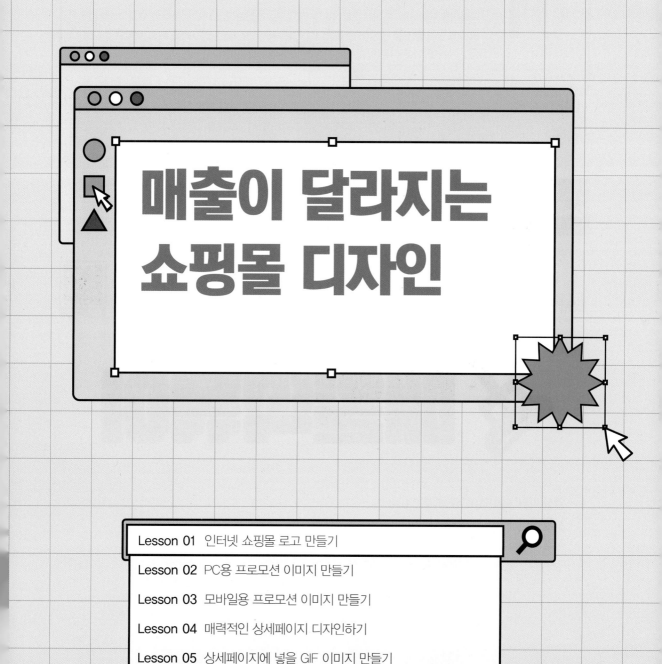

매출이 달라지는
쇼핑몰 디자인

Lesson
01 인터넷 쇼핑몰 로고 만들기

떡볶이를 판매하는 스마트스토어를 운영한다는 가정하에 스마트스토어의 로고 이미지 가이드에 맞춰 로고를 만들어 보겠습니다. 떡볶이가 연상되는 빨간색을 메인 색상으로 사용하고, 떡볶이와 관련된 일러스트를 그려 넣어 주겠습니다.

Design
Point

- 판매하는 제품과 어울리는 색과 일러스트를 사용합니다.
- 스마트스토어 가이드에 맞춰 로고를 제작합니다.
- 쇼핑몰의 정체성과 브랜드의 이미지를 생각하며 디자인합니다.

디자인 미리보기

- **완성 파일:** Ch07\01\완성\로고.psd
- **사용 폰트:** Rix이누아리두리
- **작업 사이즈:** 400 × 90px

문자 로고 만들기

떡볶이를 판매하는 쇼핑몰이기 때문에 문자 로고 역시 떡볶이와 어울리는 말랑한 느낌의 무료 폰트를 사용해 제작합니다. 무료 폰트를 사용할 때는 상업적으로 이용이 가능한지 라이센스를 확인합니다.

01 ① Ctrl + N을 눌러 새로운 문서 만들기 창을 열고 ② 제목에 **로고**를 입력합니다. ③ **폭: 400픽셀, 높이: 90픽셀, 해상도: 72픽셀/인치, 색상 모드: RGB 색상**으로 설정하고 ④ [만들기]를 클릭합니다.

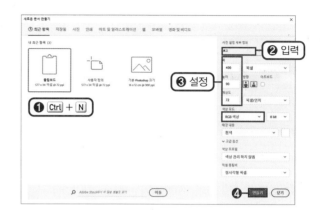

작업하기 전에 스마트스토어 로고 가이드

스마트스토어 로고 가이드입니다. 모바일은 가로(80~400px) × 세로(80~110px), PC는 가로(30~400px) × 세로(20~90px)을 권장하고 있습니다. 예제는 모바일과 PC에서 모두 사용 가능한 사이즈로 로고를 제작했습니다.

▲ 스마트스토어 로고 가이드

---

02 도구 패널의 ① [수평 문자 도구(T)]를 클릭하고 옵션 패널에서 ② **폰트: Rix이누아리두리, 사이즈: 65픽셀, 색상: #222222**로 설정합니다. ③ 캔버스를 클릭하고 **매일떡볶이**를 입력합니다.

03 ① '떡볶이'를 드래그하여 속성 패널의 ② [색상]을 클릭하고 색상 피커 창이 열리면 ③ **색상코드:** #d02e16로 입력한 후 ④ [확인]을 클릭합니다.

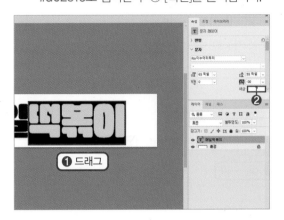

04 도구 패널의 ① [이동 도구(✛)]를 클릭하고 ② '매일떡볶이'를 작업 캔버스 오른쪽으로 배치합니다.

로고 심볼 만들기

일러스트레이터에서 작업하는 것처럼 포토샵에서도 간단한 그림을 그릴 수 있습니다. 문자 로고 왼쪽에 떡볶이 떡이 꽂혀 있는 포크 모양의 일러스트를 그려 넣어 주겠습니다.

01 먼저 포크 모양을 만들겠습니다. [Alt]를 누른 채 마우스 휠을 굴려 캔버스 왼쪽 부분을 확대합니다. 도구 패널의 ① [사각형 도구(▢)]를 클릭한 후 옵션 패널에서 ② 칠: #222222, 획: 없음으로 설정하고 ③ 캔버스를 클릭합니다. 사각형 만들기 창이 열리면 ④ 폭: 38픽셀, 높이: 38픽셀, 반경: 4픽셀로 설정하고 ⑤ [확인]을 클릭합니다.

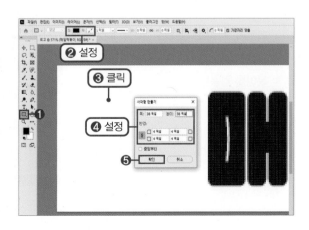

02 도구 패널의 ① [이동 도구(✛)]를 클릭한 후 사각형을 ② 캔버스 왼쪽 위에 배치합니다. 도구 패널의 ③ [사각형 도구(▭)]를 클릭한 후 옵션 패널에서 ④ **반경: 1.5픽셀**로 설정하고 ⑤ 미리 만든 사각형과 약간 겹치게 세로 방향으로 드래그하여 길쭉한 모양으로 그려 줍니다.

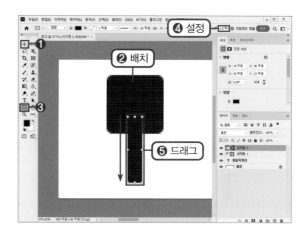

03 이번에는 사각형 너비의 1/5정도 사이즈로 사각형 왼쪽 부분에 길게 드래그하여 그려 줍니다. 그림과 같이 위쪽 경계선이 약간 겹쳐지게 드래그합니다.

04 속성 패널에서 ① [칠]을 클릭하고 ② 색상 피커 아이콘(▭)을 클릭하여 ③ **색상코드: #ffffff**를 입력한 후 ④ [확인]을 클릭합니다.

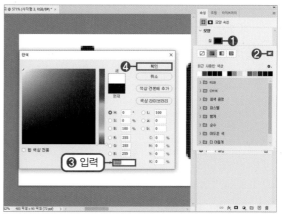

05 흰색으로 변경한 사각형을 도구 패널의
① [이동 도구(✛)]를 클릭하고 ② Alt 를
누른 채로 오른쪽으로 드래그하여 복사합
니다. 위치가 맞지 않는 부분은 클릭한 후
방향키로 세밀하게 이동하여 포크 모양을
만들어 줍니다.

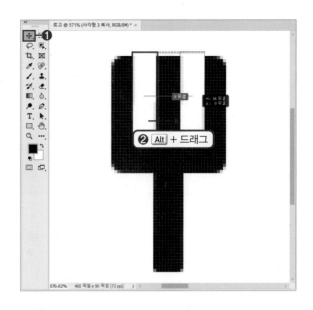

06 이번에는 떡볶이의 떡 모양을 만들겠습니
다. 도구 패널의 ① [사각형 도구(▢)]를 클
릭한 후 포크 위쪽에 ② 가로로 길게 드래
그하여 그려 줍니다. ③ 사각형 조절점 중
하나를 안쪽으로 드래그하여 모서리를 둥
글게 만듭니다. 속성 패널에서 ④ [칠]을 클
릭한 후 '최근 사용한 색상'에서 ⑤ 빨간색
을 선택합니다.

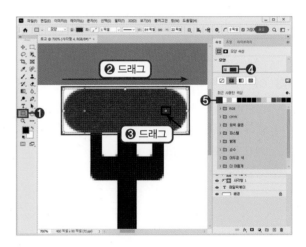

07 떡 모양 왼쪽 위에 ① 얇고 길게 가로로 드
래그하여 사각형을 그리고 속성 패널에서
② [칠]을 클릭한 후 '최근 사용한 색상'에서
③ 흰색을 선택하여 떡 일러스트를 조금 더
입체적으로 표현합니다.

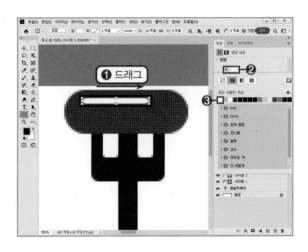

08 도구 패널의 ① [이동 도구(⊕)]를 클릭
한 후 ② '사각형 4' 레이어를 클릭하고
③ Shift를 누른 채 '사각형 5' 레이어를 클
릭합니다.

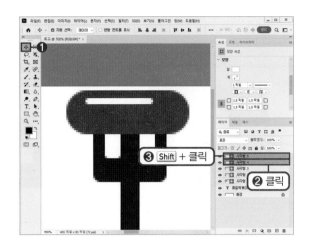

09 선택한 레이어를 마우스 오른쪽 버튼으로
클릭하고 [고급 개체로 변환]을 선택합니다.

10 ① Ctrl + T를 누르고 ② 마우스 오른쪽 버튼으로 개체를 클릭한 후 ③ [뒤틀기]를 선택합니다. 옵션 패널
에서 ④ **뒤틀기: 아치**를 클릭합니다.

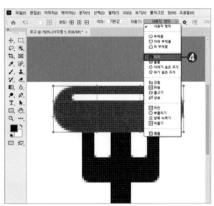

11 위에 있는 조절점을 아래로 드래그하여 오목하게 만들어 줍니다.

 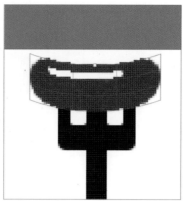

12 마지막으로 레이어 패널에서 ① '사각형 1' 레이어를 클릭하고 ② [Shift]를 누른 채 '사각형 5' 레이어를 클릭하여 심볼 이미지를 모두 선택합니다.

13 ① [Ctrl] + [T]를 누르고 ② 완성한 로고 심볼을 드래그하여 기울여 줍니다. ③ 적당한 위치에 배치한 후 [Enter]를 눌러 완성합니다.

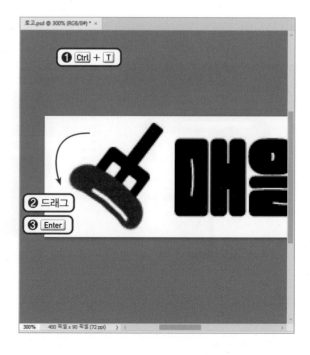

Lesson
02

PC용 프로모션 이미지 만들기

프로모션 이미지란 스마트스토어 메인 화면에 보이는 배너 이미지로 판매하는 상품 중 주력하고 있는 상품을 소개하거나 할인 이벤트 등을 보여줄 수 있습니다. 프로모션 이미지를 통해 브랜드에 대한 호감을 상승시킬 수 있고, 상품 구매로 이어지기도 하기 때문에 매력적으로 디자인하는 것이 중요합니다.

Design Point

- 홍보용 콘텐츠이기 때문에 문자를 간결하고 가독성이 좋게 작성합니다.
- 제품이 돋보일 수 있도록 해상도가 높은 이미지를 사용합니다.
- 브랜드 이미지와 어울리는 콘셉트로 디자인합니다.

디자인 미리보기

- **예제 파일:** Ch07\02\예제\떡볶이.jpg, 떡볶이캐릭터.png, 프로모션배너_가이드.psd
- **완성 파일:** Ch07\02\완성\프로모션배너.psd
- **사용 폰트:** Rix이누아리두리, 완도희망체
- **작업 사이즈:** 1920 × 400px

PC용 프로모션 이미지 레이아웃 잡기

캔버스 왼쪽에 문자가 들어갈 공간을 만들고, 오른쪽에 떡볶이 이미지를 넣어 주겠습니다. 전체적으로 통일감 있게 디자인하기 위해 로고에서 사용한 빨간색과 동일한 색상을 사용합니다. 미리 만들어 둔 프로모션 이미지 가이드를 예제 폴더에서 가져와 디자인하겠습니다.

01 포토샵을 실행한 후 Ctrl + O를 눌러 **프로모션배너_가이드.psd** 파일을 열어 줍니다. 도구 패널에서 ① [사각형 도구(▢)]를 클릭하고 옵션 패널에서 ② **칠: #d12f16, 획: 없음, W: 1000픽셀, H: 650픽셀**로 입력한 후 ③ 캔버스를 클릭합니다.

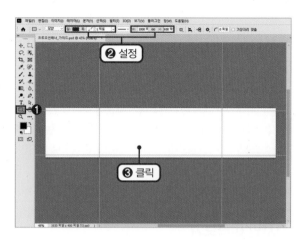

02 사각형 만들기 창이 뜨면 반경의 ① 연결 아이콘(🔗)을 클릭하여 해제하고 ② 왼쪽 위아래 반경 값은 **0픽셀**로 오른쪽 위아래 반경 값은 **325픽셀**로 설정한 후 ③ [확인]을 클릭합니다.

작업하기 전에 **가이드라인 이해하기**

스마트스토어 프로모션 이미지 가이드를 보면 파란색 테두리 영역 안에 주요 카피가 위치하는 것을 권장하고 있습니다. 일반적으로 사용하는 '1920 × 1080' 해상도의 컴퓨터 화면은 가이드 영역을 벗어나도 배너 이미지가 잘리지 않지만, 노트북이나 태블릿 등 해상도가 낮은 화면은 파란색 테두리 영역이 잘려서 보일 수 있습니다.

▲ 스마트스토어 프로모션 이미지 가이드

03 도구 패널의 ① [이동 도구(✛.)]를 클릭해
② 도형을 작업 캔버스 왼쪽 끝에 배치한
후 화면 중앙에 맞게 이동합니다.

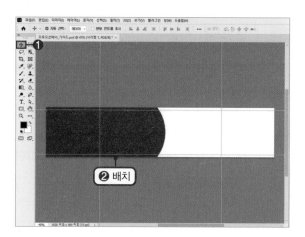

04 캔버스 오른쪽 빈 공간에 떡볶이 이미지
를 넣어 보겠습니다. 예제 폴더에서 **떡볶
이.jpg** 이미지를 캔버스로 드래그하여 삽입
합니다.

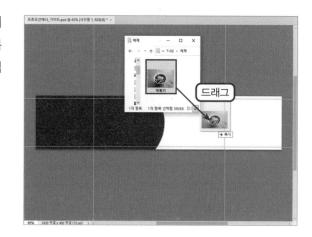

05 레이어 패널에서 ① '떡볶이' 레이어를 '사각형' 레이어 아래로 드래그합니다. ② Ctrl + T 를 눌러 떡볶이
이미지를 키워주고 캔버스 ③ 오른쪽에 배치합니다.

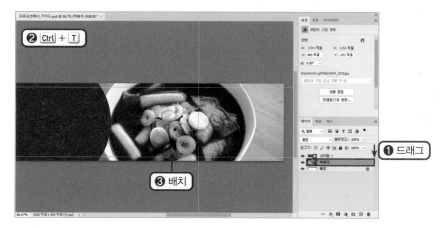

제품 홍보 문자 입력하기

홍보용 콘텐츠는 가독성을 높여 핵심 내용만 전달하는 것이 중요합니다. 집에서 요리해 먹을 수 있는 떡볶이 밀키트가 출시되었다는 홍보 문자를 입력하겠습니다.

01 레이어 패널에서 ① '사각형 1' 레이어를 선택하고 도구 패널의 ② [수평 문자 도구(T.)]를 클릭한 후 옵션 패널에서 ③ **폰트: Rix이누아리두리, 사이즈: 104픽셀, 색상: #222222**로 설정합니다. 왼쪽 가이드라인 영역 안에서 Enter를 눌러 ④ **밀키트출시**를 입력하고 Esc를 눌러 입력을 닫아 줍니다. 속성 패널에서 ⑤ **자간을 −30**으로 설정한 후 ⑥ '출시' 문자를 드래그합니다.

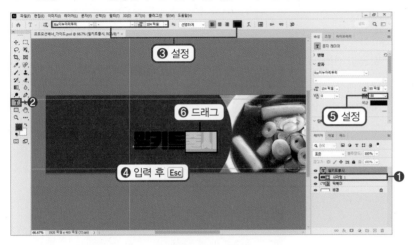

02 속성 패널의 ① [색상]을 클릭한 후 색상 피커 창이 열리면 [스포이드 도구(◢)]로 배경의 빨간색을 추출하거나 ② **색상코드: #d12f16**를 입력하고 ③ [확인]을 클릭합니다.

03 배경색과 같은 색으로 변경하였기 때문에 테두리를 넣어 가독성을 높여 줍니다. 레이어 패널에서 ① '밀키트출시' 레이어의 빈 곳을 더블 클릭한 후 레이어 스타일 창이 열리면 ② [획]을 선택합니다. ③ **크기: 8 픽셀, 위치: 바깥쪽, 색상: #ffffff**로 설정하고 ④ [확인]을 클릭합니다.

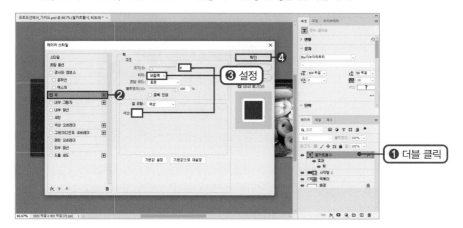

04 레이어 패널에서 ① '사각형 1' 레이어를 선택하여 '밀키트출시' 레이어의 선택을 해제합니다. 옵션 패널에서 ② **폰트: 완도희망체, Regular, 사이즈: 42픽셀, 색상: #fde45e**로 설정한 후 ③ Enter 를 누르고 ④ '밀키트출시' 문자 위를 클릭한 후 **집에서 매일 떡볶이!**를 입력합니다.

05 ① '떡볶이'를 드래그하고 속성 패널에서 ②
사이즈: 65픽셀, 색상: #ffffff로 설정합니다.

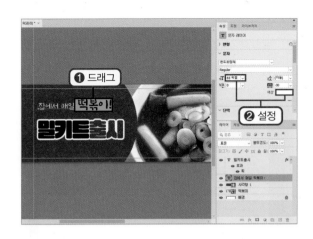

06 도구 패널의 ① [이동 도구(⊕)] 클릭하고
② '집에서 매일 떡볶이!'와 '밀키트출시' 문
자 사이의 간격을 조절한 후 ③ 왼쪽 가이
드라인에 배치합니다.

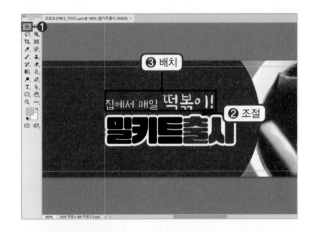

07 마지막으로 제가 직접 그린 떡볶이캐릭터
를 넣어 꾸며 주겠습니다. 예제 폴더에서
① **떡볶이캐릭터.png** 이미지를 작업 캔
버스로 드래그합니다. ② 이미지의 사이즈
를 조절하고 빨간색 도형 위에 그림과 같이
겹치게 배치한 후 ③ [Enter]를 눌러 완성합
니다.

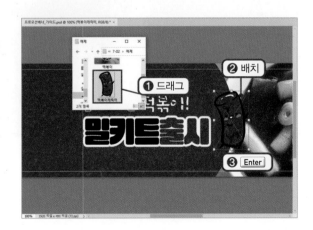

모바일용 프로모션 이미지 만들기

Lesson
03

스마트폰으로 인터넷 쇼핑을 하는 소비자들이 많기 때문에 모바일용 프로모션 이미지를
따로 만들어 등록하는 것을 추천합니다. PC와 모바일은 화면 비율과 사이즈가 다르기 때
문에 가능하면 각각의 환경에 최적화된 사이즈로 만들어 줍니다. 일반적으로 PC용으로
디자인한 프로모션 이미지를 모바일 화면에 맞게 재배치합니다.

Design
Point

• PC용 프로모션 이미지와 모바일용 프로모션 이미지의 디자인 통일성을 유지합니다.
• 모바일 화면에서 잘 보일 수 있게 사이즈가 작은 문자는 키워 줍니다.

디자인 미리보기

• **예제 파일:** Ch07\03\예제\모바일프로모션_가이드.psd, 프로모션배너_완성.psd
• **완성 파일:** Ch07\03\완성\모바일프로모션.psd
• **사용 폰트:** Rix이누아리두리, 완도희망체
• **작업 사이즈:** 750 × 600px

프로모션 이미지 파일 옮기기

PC용 프로모션 이미지를 완성한 PSD 파일에서 디자인 작업에 사용된 레이어를 모바일 작업 캔버스로 옮긴 후에 모바일 비율에 맞춰 수정하겠습니다.

01 포토샵을 실행한 후 [Ctrl] + [O]를 눌러 예제 폴더에서 **프로모션배너_완성.psd**와 **모바일프로모션_가이드.psd** 파일을 열어 줍니다. 메뉴에서 ① [창] 〉 ② [정돈] 〉 ③ [2장 가로]를 선택하여 작업하기 편하도록 작업 창을 배치합니다.

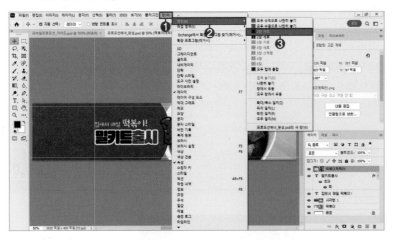

02 ① [프로모션배너_완성.psd] 캔버스를 선택합니다. 레이어 패널에서 ② 배경 레이어를 제외한 모든 레이어를 선택하고 ③ [Shift]를 누른 상태에서 [모바일프로모션_가이드.psd] 캔버스로 드래그합니다. 레이어를 이동한 후 ④ [프로모션배너_완성.psd] 파일은 닫습니다.

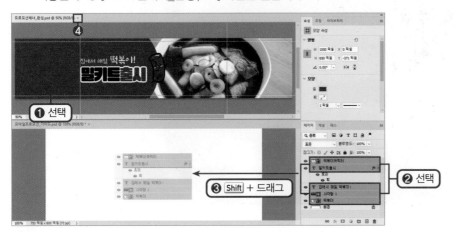

TIP **캔버스 간의 레이어 이동**

캔버스의 사이즈가 서로 다를 때 [Shift]를 눌러 레이어를 드래그하면 영역 가운데로 이동하고 캔버스의 사이즈가 같을 때는 동일한 위치로 이동됩니다.

모바일 가이드에 맞춰 이미지 사이즈 조절하기

떡볶이 이미지의 사이즈를 '모바일프로모션_가이드.psd'에 맞춰 조절하겠습니다. 편집할 레이어를 제외한 다른 레이어들의 눈(👁)을 끄면 작업이 한결 수월해집니다.

01 레이어 패널에서 ① '집에서 매일 떡볶이!' 레이어를 클릭하고 ② Shift를 누른 채 '떡볶이캐릭터' 레이어를 클릭합니다. ③ 그룹 아이콘(▢)을 눌러 그룹화합니다.

02 ① 그룹 레이어를 더블 클릭해 이름을 **문구**로 변경하고 '사각형 1' 레이어의 이름은 ② **국물**로 변경합니다. ③ '문구' 그룹 레이어와 '국물' 레이어의 눈(👁)을 꺼 줍니다.

03 캔버스에서 ① 떡볶이 이미지를 캔버스 영역 가운데 배치합니다. 편집하기 편하게 [Alt]를 누른 채로 마우스 휠을 굴려 화면을 축소합니다. ② [Ctrl] + [T]를 눌러 떡볶이 그릇이 영역에 잘 보이게 사이즈를 줄이고 ③ 살짝 아래로 배치한 후 ④ [Enter]를 눌러 줍니다.

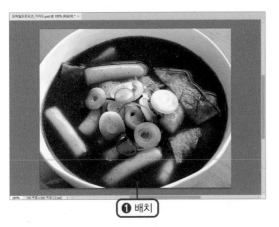

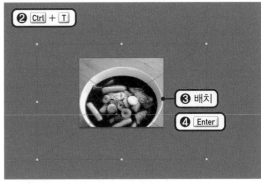

TIP 마우스 휠로 화면 확대/축소하기

[Alt]를 누른 채 마우스 휠을 위로 굴리면 화면이 확대되고, 아래로 굴리면 화면이 축소됩니다.

도형을 변형해 흘러내리는 효과 주기

'국물' 레이어의 도형을 변형해 떡볶이 국물이 흘러내리는 효과를 주어 모바일용 프로모션 이미지를 꾸며 보겠습니다. 너무 과하게 꾸미면 디자인이 복잡해 보일 수 있으니 주의합니다.

01 레이어 패널에서 ① '국물' 레이어를 선택하고 눈(👁)을 켜 줍니다. ② [Ctrl] + [T]를 눌러 캔버스 위쪽에 배치하고 비스듬히 기울여 준 후 ③ [Enter]를 누릅니다.

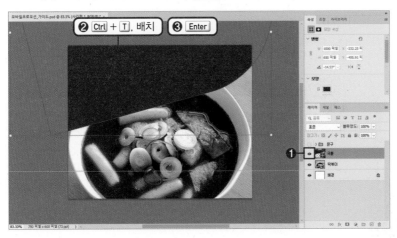

02 메뉴의 ① [필터] 〉 ② [픽셀 유동화]를 선택하고 고급 개체 변환 여부를 묻는 창이 뜨면 ③ [고급 개체로 변환]을 클릭합니다.

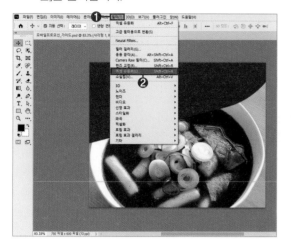

03 픽셀 유동화 창이 뜨면 ① 손 모양 아이콘 (✋)을 선택하고 브러시 도구 옵션에서 ② 사이즈를 100~200 사이로 조절한 후 ③ 빨간색 도형의 아랫면을 드래그하여 흘러내리는 듯한 느낌으로 만들어 줍니다. 브러시 사이즈를 바꿔가면서 불규칙한 모양으로 자유롭게 드래그한 후 ④ [확인]을 클릭합니다.

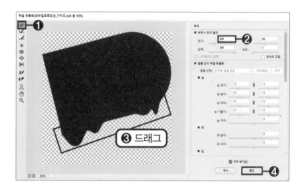

문자와 캐릭터 배치하기 ● ● ●

문자와 캐릭터를 모바일용 프로모션 이미지 사이즈에 맞춰 기울기와 사이즈를 수정하고 레이아웃에 맞게 위치를 옮겨 주겠습니다.

01 레이어 패널에서 ① '문구' 그룹 레이어를 선택하고 ② 눈(👁)을 켜 줍니다. ③ Ctrl + T를 눌러 '문구' 그룹 레이어의 문자와 캐릭터를 캔버스 위쪽 가운데 배치하고 '국물' 레이어와 비슷한 기울기로 기울여 줍니다.

02 ① Enter를 눌러 자유 변형을 해제하고 ② 떡볶이 캐릭터를 문자 앞에 배치합니다.

03 레이어 패널에서 ① '문구' 그룹 레이어를 선택하고 ② Ctrl + T를 눌러 '국물' 레이어 도형 안쪽으로 들어갈 수 있게 사이즈를 줄인 후 적당한 위치에 배치하면 모바일용 프로모션 이미지를 완성할 수 있습니다.

실전 가이드!
스마트스토어 로고와 프로모션 이미지 등록하기

스마트스토어에 사용할 로고를 등록하고 첫 화면에서 보여지는 프로모션 배너를 적용하는 방법을 알아보겠습니다. 로고와 배너 두 가지 이미지만 적용하여도 한층 세련된 스마트스토어를 만들 수 있습니다.

📁 예제 파일 | Ch07\02\실전\logo.jpg, pc_banner, m_banner.jpg

로고 등록하기

01 스마트스토어센터에 가입하고 로그인한 후 메뉴의 ① [스토어 전시관리] 〉 ② [스마트스토어]를 선택합니다.

02 관리 메뉴에서 ① [컴포넌트 관리]를 클릭하고 ② [스토어 이름]을 클릭합니다. 스토어명에서 ③ [로고형]을 선택하고 모바일의 ④ [등록]을 클릭합니다.

03 이미지 편집 창이 뜨면 ① [이미지찾기]를 클릭하여 적용할 이미지를 열고 ② [적용하기]를 클릭합니다. PC 로고도 동일한 방법으로 등록합니다.

배너 적용하기

01 관리 메뉴에서 ① [컴포넌트 관리] 〉 ② [프로모션 이미지]를 클릭합니다. 프로모션 이미지 관리에서 ③ '모바일 이미지'와 'PC 이미지'에 프로모션 이미지를 등록합니다. 제목을 입력하는 란에 ④ '제목을 입력하세요.'를 삭제합니다. ⑤ [전체 적용하기]를 눌러 최종적으로 적용합니다.

TIP 미리보기 화면

프로모션 이미지를 등록한 후 상단 바에 모바일과 PC 아이콘을 클릭하면 기기별 미리보기를 확인할 수 있습니다.

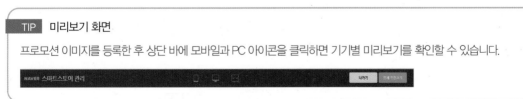

Lesson 04 매력적인 상세페이지 디자인하기

제품을 구매하기 전까지 소비자가 세심하게 살펴보는 콘텐츠가 바로 상세페이지입니다. 제품의 특징과 장점을 잘 보여주는 상세페이지는 제품에 대한 신뢰도를 높이고, 많은 유사 제품 사이에서 차별화를 줄 수 있습니다. 또한 판매처에 대한 신뢰도를 높여주어 소비자의 구매를 유도합니다.

Design Point

- 고해상도의 제품 이미지를 사용합니다.
- 제품과 어울리는 색상과 콘셉트로 상세페이지를 디자인합니다.
- 너무 많은 문자로 설명하기보다 제품의 특징과 장점을 한눈에 파악할 수 있어야 합니다.

디자인 미리보기

- **예제 파일:** Ch07\04\예제\나뭇잎.png, 물방울.png, 오렌지.png, 제품.jpg, 제품과오렌지.jpg
- **완성 파일:** Ch07\04\완성\상세페이지.psd
- **사용 폰트:** Montserrat, Noto Sans KR
- **작업 사이즈:** 860 × 2590px

상세페이지 전체 이미지 레이아웃 잡기

첫 번째 인트로 영역과 두 번째 제품 설명 영역으로 구분된 상세페이지를 만들어 보겠습니다. 먼저 이미지의 레이아웃을 잡기 편리한 프레임 도구를 사용해 첫 번째 영역에 이미지를 넣고, 두 번째 영역은 클리핑 마스크 기능으로 도형 안에 이미지를 넣어 보겠습니다.

01 포토샵을 실행한 후 ① Ctrl + N을 눌러 새로운 문서 만들기 창을 띄웁니다. ② 제목을 **상세페이지**로 입력하고 ③ 폭: 860픽셀, 높이: 2590픽셀, 해상도: 72픽셀/인치로 설정한 후 ③ [만들기]를 클릭합니다.

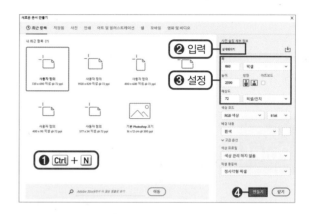

작업하기 전에 **상세페이지 작업 사이즈**

상세페이지 사이즈는 상세페이지를 등록할 플랫폼에 따라 조금씩 차이가 있습니다. 대부분 길이에는 제약이 없고, 폭만 정해져 있으니 등록할 플랫폼의 상세페이지 규격을 확인하는 것을 추천합니다. 예제에서는 스마트스토어에서 권장하는 폭: 860px로 진행합니다.

02 도구 패널의 ① [프레임 도구(⊠)]를 선택합니다. ② 위에서부터 길게 드래그하고 속성 패널에서 ③ W: 860픽셀, H: 1290픽셀로 사이즈를 변경합니다. 예제 폴더에서 ④ **제품.jpg**를 프레임 영역으로 드래그하면 영역에 맞게 이미지가 삽입됩니다.

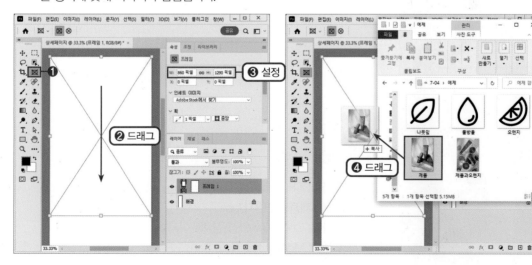

03 이미지를 삽입하고 레이어 패널의 잠금 아이콘(🔒)을 클릭해 '제품 프레임' 레이어를 잠급니다. 프레임 도구에 대한 자세한 설명은 〈Chapter 03–Lesson 04 이미지에서 원하는 부분만 보이게 하기〉의 '프레임 도구 사용하기'를 참고해 주세요.

04 도구 패널의 ① [사각형 도구(▢)]를 클릭하고 옵션 패널에서 ② 칠: #000000, 획: 없음으로 설정합니다. ③ 캔버스를 클릭해 사각형 만들기 창을 열고 ④ 폭: 740픽셀, 높이: 890픽셀로 설정합니다. 반경의 ⑤ 연결 아이콘(🔗)을 클릭해 선택을 해제하고 ⑥ 왼쪽 위 반경: 180픽셀, 나머지 반경: 0픽셀로 설정한 후 ⑦ [확인]을 클릭합니다.

05 도구 패널의 ① [이동 도구(✛)]를 클릭하고 ② 사각형을 오른쪽 아래 배치합니다. 예제 폴더에서 ③ **제품과오렌지.jpg** 이미지를 캔버스로 드래그합니다.

 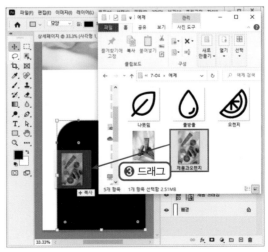

TIP   이동 도구 단축키

[이동 도구()]의 단축키는 V입니다. [이동 도구(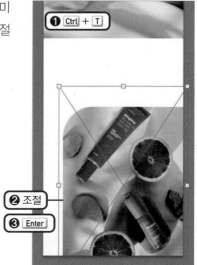)]는 도구 패널에서 자주 사용되는 도구이니 단축키를 익혀두
면 작업 시간을 줄일 수 있습니다.

06 레이어 패널에서 '제품과오렌지' 레이어와 '사각형 1' 레이어 사이
를 Alt 를 누른 채 클릭하여 클리핑 마스크를 씌워 줍니다.

07 ① Ctrl + T 를 누르고 이미지 사이즈를 약간 줄여 줍니다. 이미
지가 사각형 영역 안에서 잘 보이도록 ② 사이즈와 위치를 조절
한 후 ③ Enter 를 눌러 마무리합니다.

인트로 영역 문자 입력하기

인트로 영역 이미지의 빈 곳에 제품명과 제품을 설명하는 문자를 입력합니다. 문자를 입력하기 전 안내선을 만들고 안내선에 맞게 문자를 배치하겠습니다.

01 메뉴의 ① [보기] 〉 ② [안내선] 〉 ③ [새 안내선 레이아웃]을 클릭합니다. 새 가이드 레이아웃 창이 열리면 ④ [여백]을 체크한 후 다른 항목은 체크 해제합니다. ⑤ 위쪽, 왼쪽, 아래쪽, 오른쪽 모두 **80픽셀**로 입력하고 ⑥ [확인]을 클릭합니다.

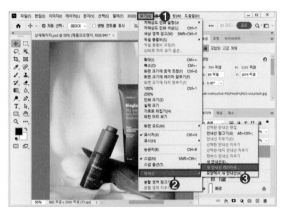

02 도구 패널의 ① [수평 문자 도구(T.)]를 클릭하고 옵션 패널에서 ② 폰트: Montserrat, Bold, 사이즈: 45픽셀, 단락: 왼쪽 정렬, 색상: #222222로 설정한 후 왼쪽 위에 ③ EASY DESIGN MAKEUP FULL SET를 입력합니다. 도구 패널의 ④ [이동 도구(+.)]를 클릭한 후 드래그하여 왼쪽 위 가이드라인에 맞춰 배치합니다.

03 도구 패널의 ① [사각형 도구(▣)]를 클릭한 후 옵션 패널에서 ② **칠: #222222, 획: 없음, W: 438픽셀, H: 8픽셀**로 설정합니다. ③ 캔버스를 클릭해 사각형 만들기 창이 뜨면 ④ 반경을 모두 0픽셀로 설정하고 ⑤ [확인]을 클릭합니다. 도구 패널의 ⑥ [이동 도구(✛)]를 클릭하고 ⑦ 사각형을 문자 아래 배치합니다.

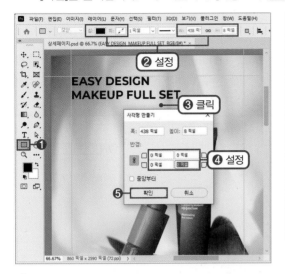 

04 도구 패널의 ① [수평 문자 도구(T.)]를 클릭한 후 옵션 패널에서 ② **폰트: Montserrat, Bold, 사이즈: 80픽셀, 색상: #e15f1f**로 설정하고 제품과 비슷한 높이에 ③ 제품명 Daily Set을 입력합니다. 도구 패널의 ④ [이동 도구(✛)]를 클릭한 후 왼쪽 가이드 라인에 붙여 배치합니다.

05 도구 패널의 [수평 문자 도구(T.)]를 클릭하고 ① 'Daily Set' 아래를 클릭합니다. 옵션 패널에서 ② **폰트: Noto Sans KR, Regular, 사이즈: 28픽셀, 색상: #222222**으로 설정하고 ③ 상품 설명을 입력합니다. 도구 패널의 ④ [이동 도구(✛)]를 클릭한 후 왼쪽 가이드라인에 붙여 배치합니다.

아이콘을 넣어 인트로 영역 꾸미기

인트로 영역 아래쪽에 제품과 동일한 색상으로 타원을 넣고 제품의 장점을 표현할 수 있는 아이콘 세 개를 배치해 꾸며보겠습니다.

01 도구 패널의 [사각형 도구(□)]를 길게 눌러 ① [타원 도구(○)]를 클릭합니다. 옵션 패널 ② **칠: #e15f1f, 획: 없음, W: 150픽셀, H: 150픽셀**로 설정한 후 ③ 캔버스를 클릭하여 타원 만들기 창이 뜨면 그대로 ④ [확인]을 클릭해 주세요.

02 도구 패널의 ① [이동 도구(✛)]를 클릭한 후 ② 타원을 인트로 영역 아래 부분 가운데 배치하고 ③ Alt와 Shift를 누른 채 드래그하여 양옆에 복사합니다. 레이어 패널에서 ④ 세 개의 타원 레이어를 Shift를 누른 채 선택하고 ⑤ 가로 간격 정렬 아이콘(▥)을 클릭해 타원 사이 간격을 동일하게 정렬합니다.

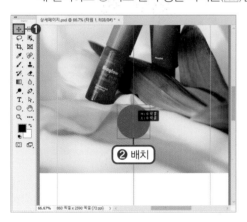

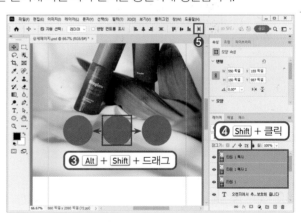

03 도구 패널의 ① [수평 문자 도구(T)]를 클릭합니다. 옵션 패널에서 ② **폰트: Noto Sans KR, Regular, 사이즈: 24픽셀, 단락: 가운데 정렬, 색상: #222222**로 설정하고 ③ 왼쪽 타원 아래쪽 가운데를 클릭한 후 **천연성분**을 입력합니다. 도구 패널의 ④ [이동 도구(✛)]를 클릭한 후 ⑤ '천연성분'을 클릭하고 Alt 와 Shift 를 누른 채 가운데 타원 아래로 드래그하여 복사합니다.

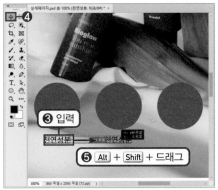

04 레이어 패널에서 ① '천연성분 복사' 레이어의 섬네일을 더블 클릭해 입력을 활성화합니다. ② **친환경 용기**를 입력한 후 ③ **03~04**와 같은 방법으로 오른쪽 타원 아래 **촉촉하게**를 입력합니다.

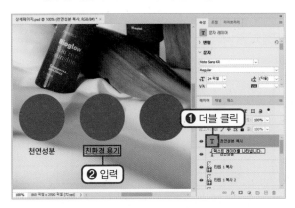

05 예제 폴더에서 ① **오렌지.png**를 캔버스로 드래그합니다. 옵션 패널에서 ② **W: 20%, H: 20%**로 설정해 아이콘 사이즈를 조절한 후 레이어 패널에서 ③ '오렌지' 레이어 빈 공간을 더블 클릭합니다.

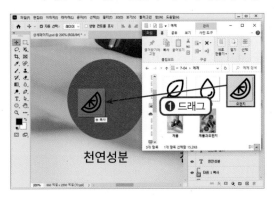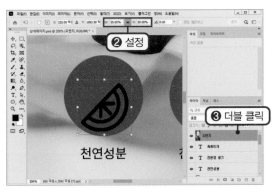

06 레이어 스타일 창이 열리면 ① [색상 오버 레이]를 선택합니다. ② [색상]을 클릭한 후 ③ **색상코드: #ffffff**를 입력하고 ④ [확인]을 클릭하여 적용합니다.

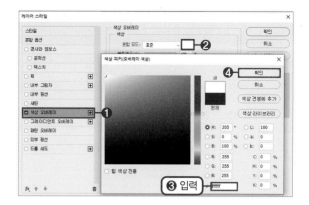

07 아이콘이 흰색으로 변경되었으면 방향키를 눌러 타원 정 가운데 배치합니다. 나머지 아이콘도 같은 방법 으로 적용합니다.

제품 설명 영역 만들기

인트로 영역을 완성하였다면 제품 설명 영역을 만들어 보겠습니다. 배경색을 제품의 색과 비슷한 오렌지색으로 설정하고, 제품의 장점을 잘 전달할 수 있는 제품 설명을 입력하겠습니다.

01 레이어 패널에서 ① '배경' 레이어를 선택하고 ② 조정 아이콘(◉)을 클릭한 후 ③ [단색]을 선택합니다. 색상 피커 창에서 ④ **색상코드: e15f1f**로 입력하고 ⑤ [확인]을 클릭하여 배경색을 넣어주세요.

02 도구 패널의 ① [수평 문자 도구(T.)]를 클릭한 후 옵션 패널에서 ② **폰트: Montserrat, Bold, 사이즈: 80픽셀, 단락: 왼쪽 정렬, 색상: #ffffff**로 설정하고 왼쪽 위에 ③ Orange – 30%를 입력합니다. 도구 패널의 ④ [이동 도구(✛)]를 클릭한 후 문자를 드래그하여 왼쪽 가이드라인에 붙여주고 ⑤ Esc를 눌러 입력을 닫습니다.

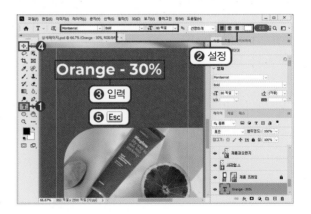

> **TIP** | **숫자로 강조하기**
>
> 상세페이지에 숫자를 입력하면 디자인에 포인트를 주어 사용하기 좋은 요소 중 하나입니다. 강조할 부분의 숫자는 본문과 다른 폰트의 문자로 크게 입력하면 좋습니다.

03 ① 'Orange – 30%' 아래를 클릭하고 옵션 패널에서 ② 폰트: Noto Sans KR, Regular, 사이즈: 45픽셀로 설정합니다.

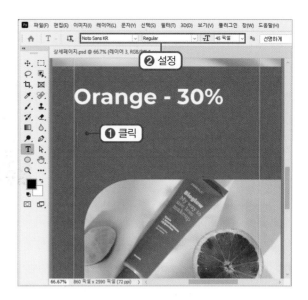

04 ① 제품의 특징을 간단히 입력합니다. 도구 패널의 ② [이동 도구(✥)]를 클릭한 후 문자를 드래그해 왼쪽 가이드라인에 붙여 배치합니다.

05 도구 패널의 ① [수평 문자 도구(T)]를 클릭한 후 ② 강조할 단어를 드래그합니다. 속성 패널에서 ③ 폰트 두께를 Bold로 설정하고 ④ [색상]을 클릭합니다.

06 색상 피커 창에서 ① 색상코드를 #ffe362
로 입력하고 ② [확인]을 클릭합니다.

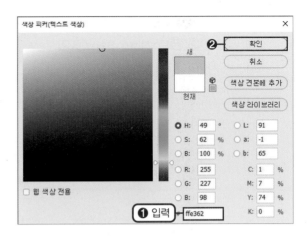

07 Esc를 눌러 입력을 닫으면 상세페이지 디
자인이 완성됩니다.

상세페이지에 넣을 GIF 이미지 만들기

Lesson 05

상세페이지에 움직이는 GIF 이미지를 넣으면 제품의 이미지를 다양하게 보여줄 수 있어 생동감을 더해줍니다. 최근에는 제품을 사용하는 방법을 GIF 이미지로 보여주면서 제품을 실제 사용해보지 못하는 온라인의 단점을 보완하고 있습니다.

Design Point

- 제품에서 강조하고 싶거나 조금 더 자세히 보여주고 싶은 부분을 GIF로 제작합니다.
- 복잡하지 않고 깔끔하게 포인트를 줄 수 있을 정도의 효과를 넣어 제작합니다.
- 재생 길이가 길거나 과도한 애니메이션 효과를 주면 용량이 커질 수 있으니 주의해야 합니다.

동영상 강의

디자인 미리보기

비디오 타임라인으로 작업하기

- **예제 파일:** Ch07\05\예제\GIF예제.psd
- **완성 파일:** Ch07\05\완성\GIF01.psd
- **작업 사이즈:** 860 × 700px

프레임 애니메이션으로 작업하기

- **예제 파일:** Ch07\05\예제\GIF예제 02.psd
- **완성 파일:** Ch07\05\완성\GIF02.psd
- **작업 사이즈:** 860 × 700px

비디오 타임라인으로 GIF 이미지 만들기

생강으로 만든 젤리 제품의 원료 함량을 강조한 내용을 2초 분량의 GIF 이미지로 만들어 보겠습니다. '원료 함량'이란 문자가 포함된 화살표의 사이즈가 점점 커지다가 마지막에 '90%' 문자가 뜨는 순서로 움직이는 이미지를 만드는 방법을 알아보겠습니다.

01 포토샵을 실행한 후 Ctrl + O를 눌러 GIF 예제.psd 파일을 열고 메뉴에 ① [창] 〉 ② [타임라인]을 선택합니다.

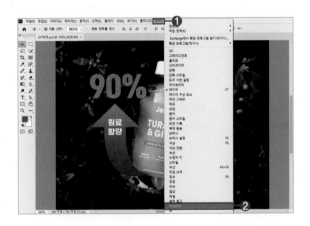

작업하기 전에 **타임라인 이해하기**

포토샵에는 간단한 애니메이션 효과를 줄 수 있는 타임라인 기능이 있습니다. 타임라인 기능은 레이어의 사이즈와 위치 등을 직접 조절해 만드는 '비디오 타임라인'과 여러 장의 이미지를 순차적으로 보여주는 형식의 '프레임 애니메이션' 두 가지로 나뉩니다. 비디오 타임라인의 경우 1초를 30프레임으로 나눠 작업합니다.

---

02 타임라인 패널이 열리면 ① [비디오 타임라인 만들기]를 클릭합니다. 타임라인에서 ② 작업 영역 끝을 조절하는 컨트롤을 '2초' 구간으로 드래그하고 ③ 타임라인 사이즈를 조절하는 슬라이더를 오른쪽 끝으로 드래그합니다.

03 타임라인에서 '90%' 클립의 시작 부분을 '04 프레임'으로 드래그하여 이동합니다.

04 ① 파란색 플레이 헤드를 '04 프레임'으로 드래그합니다. ② '원료 함량' 트랙의 화살표를 누른 후 ③ '변형'의 스톱워치 모양 아이콘(⏱)을 눌러 키프레임을 생성합니다.

05 파란색 플레이 헤드를 ① '0 프레임'으로 드래그하고 ② Ctrl + T 를 눌러 ③ 왼쪽 위 모서리를 대각선 방향으로 드래그하여 사이즈를 줄여 줍니다. ④ Enter 를 누르면 키프레임이 생성됩니다.

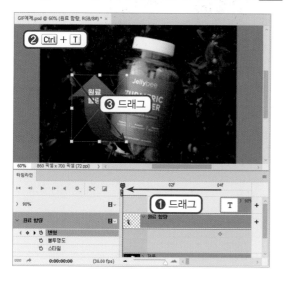 

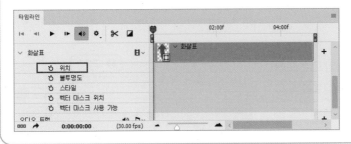
05 타임라인의 ① 메뉴 아이콘(▤)을 클릭하고 ② [재생 루프]를 선택한 후 ③ 재생 아이콘(▶)을 클릭해 완성된 애니메이션을 확인합니다.

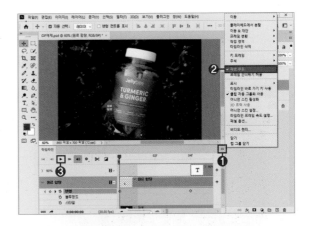

프레임 애니메이션으로 GIF 이미지 만들기

가방의 전체 모습을 확인할 수 있는 이미지와 가방 안의 상세이미지를 확인할 수 있는 이미지를 이용해 두 개의 프레임으로 이루어진 GIF를 만들어 보겠습니다.

01 Ctrl + O를 눌러 GIF예제02.psd 파일을 열고 메뉴의 ① [창] 〉 ② [타임라인]을 선택 합니다.

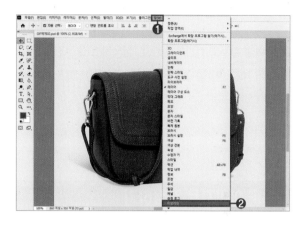

02 타임라인 패널이 열리면 ① [비디오 타임라 인 만들기]의 드롭 박스를 열고 ② [프레임 애니메이션 만들기]를 클릭합니다.

03 타임라인에서 ① 프레임 생성 아이콘(⊞) 을 클릭해 프레임을 만든 후 레이어 패널에 ② '1' 레이어의 눈(◉)을 꺼서 '2' 레이어만 보이게 합니다. ③ Shift를 누른 상태에서 타임라인의 1번 프레임과 2번 프레임 모두 선택합니다.

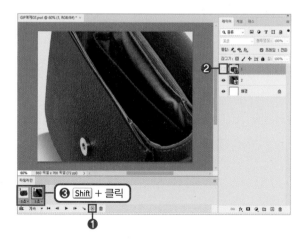

04 ① 시간 설정 드롭 박스를 열고 ② [1.0]을 선택합니다.

05 재생 횟수를 ① [계속]으로 설정하고 ② 재생 버튼(▶)을 눌러 완성된 애니메이션을 확인합니다.

GIF 이미지로 저장하기

완성된 애니메이션을 GIF로 저장해 보겠습니다.

01 메뉴 [파일] 〉 [내보내기] 〉 [웹용으로 저장 (레거시)] 또는 단축키 ① Alt + Shift + Ctrl + S를 눌러주세요. ② 파일 형식을 [GIF]로 선택하고 ③ 루핑 옵션을 [계속]으로 선택합니다. 마지막으로 ④ [저장]을 클릭하면 GIF 이미지로 저장됩니다.

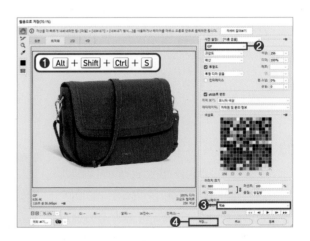

01 메뉴의 [파일] 〉 [가져오기] 〉 [비디오 프레임을 레이어로]를 선택한 후 변환할 동영상을 열어 줍니다. 불러올 범위에서 원하는 부분을 설정합니다. 영상이 짧은 경우 ① [시작부터 끝까지]를 선택하고 일부분만 변환을 원할 경우 [선택된 범위만]을 선택합니다. ② 재단 컨트롤로 원하는 범위를 지정한 후 제한 기준은 [5 프레임]으로 설정하고 ③ [확인]을 클릭합니다.

02 메뉴 [창] 〉 [타임라인]을 선택하여 타임라인 패널을 열어 줍니다. ① 타임라인의 메뉴 아이콘(▤)을 클릭해 ② [모든 프레임]을 선택하고 ③ [0.2]로 시간을 설정합니다.

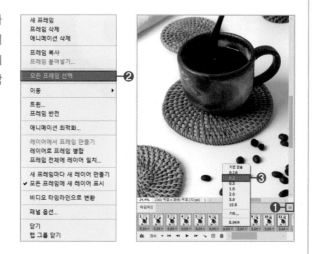

03 메뉴 [파일] 〉 [내보내기] 〉 [웹용으로 저장(레거시)]를 눌러 ① 파일 형식을 [GIF]로 설정한 후 ② 이미지 사이즈를 설정하고 ③ [저장]을 클릭합니다.

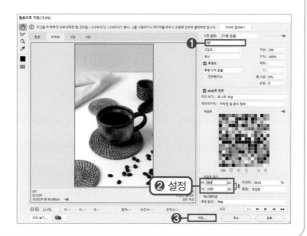

Chapter 08

오프라인 마케팅에 사용할 수 있는 명함, 포스터, X배너 등을 디자인해 보겠습니다. 포토샵에서 오프라인용으로 디자인 작업을 할 때는 해상도와 색상 모드 등의 설정이 온라인용 디자인 작업과 차이가 있습니다. 온라인 작업 물에 익숙하신 분들은 초반 설정이 어렵게 느껴지실 수 있지 몇 가지 포인트만 알아두면 인쇄용도 직접 작업할 수 있습니다.

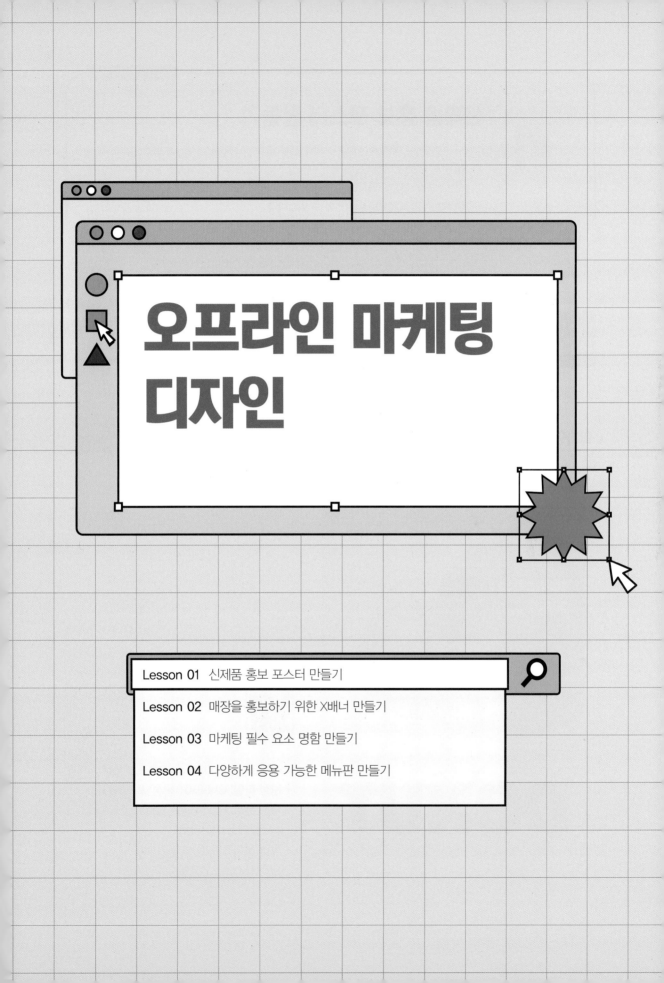

오프라인 마케팅 디자인

Lesson

01 신제품 홍보 포스터 만들기

디저트 카페 매장 벽면에 붙일 가상의 신제품 홍보 포스터를 디자인해 보겠습니다. 체리 블라썸 맛의 도넛에 어울리는 분홍색 색상을 사용하고, 타이포그래피를 활용해 눈에 들어오는 홍보 포스터를 제작해 볼 것입니다. 디자인적 요소가 부족할 때 타이포그래피를 이용하면 트렌디한 느낌으로 디자인할 수 있습니다.

Design Point

- 제품 이미지의 사이즈를 고려해 포스터에서 제품이 잘 보일 수 있게 배치합니다.
- 제품에 어울리는 색과 콘셉트로 포스터를 제작합니다.
- 매장에 방문한 고객의 관심을 끌 수 있도록 주목성 높게 디자인합니다.

디자인 미리보기

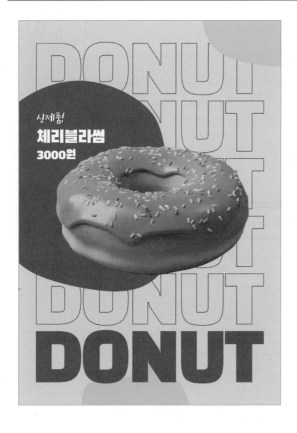

동영상 강의

- **예제 파일:** Ch08\01\예제\도넛.jpg
- **완성 파일:** Ch08\01\완성\포스터.psd
- **사용 폰트:** Black Han Sans,
  tvN 즐거운 이야기체
- **작업 사이즈:** 210 × 297mm

타이포그래피를 이용한 디자인하기

'DONUT'이라는 단어를 반복하여 타이포그래피를 디자인해 보겠습니다. 문자의 외곽에만 색상을 넣고 마지막 문자에는 색상을 칠해 강조하겠습니다.

01 ① Ctrl + N으로 새로운 문서 만들기 창을 띄운 후 ② [인쇄] 탭을 클릭합니다. 빈 문서 사전 설정에서 ③ [A4]를 선택하고 ④ 제목에 **포스터**를 입력합니다. ⑤ **색상 모드: CMYK 색상**으로 설정하고 ⑥ [만들기]를 클릭합니다.

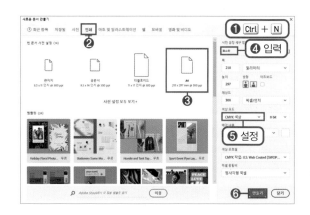

작업하기 전에 | 인쇄 작업 시 설정 사항

인쇄 작업 시 해상도는 300dpi, 색상 모드는 CMYK로 설정합니다. 대형 현수막의 경우 해상도가 높아지면 포토샵 작업 처리 속도가 떨어집니다. 또한 먼 거리에서 보면 선명도의 차이가 크지 않기 때문에 해상도 200dpi로 작업하기도 합니다.

---

02 레이어 패널에서 ① 조정 아이콘(◑)을 클릭하고 ② [단색]을 선택합니다. 색상 피커 창이 열리면 ③ **색상 코드: f2dfd0**을 입력하고 ④ [확인]을 클릭합니다.

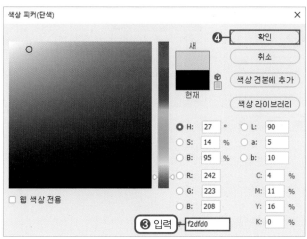

03 도구 패널에서 ① [수평 문자 도구(T)]를 클릭한 후 옵션 패널에서 ② **폰트: Black Han Sans, 사이즈: 620픽셀, 색상: #d04c93**으로 설정합니다. ③ 캔버스 상단을 클릭하여 DONUT을 입력한 후 ④ Esc를 눌러 입력을 닫습니다.

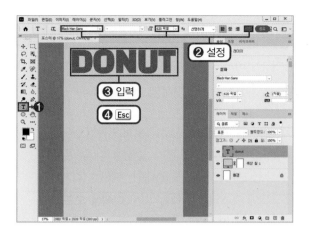

> **TIP** 소문자를 대문자로 변경하기
>
> 소문자로 입력했을 경우 속성 패널의 문자 옵션에서 TT 아이콘(TT)을 클릭하면 소문자를 대문자로 변경할 수 있습니다.
>
>

---

04 레이어 패널에서 ① 'donut' 레이어를 **칠: 0%**로 설정합니다. ② 'donut' 레이어를 더블 클릭해 레이어 스타일 창을 열고 ③ [획]을 선택합니다. ④ **크기: 8px, 위치: 안쪽, 색상: #d04c93**으로 설정하고 ⑤ [확인]을 클릭합니다.

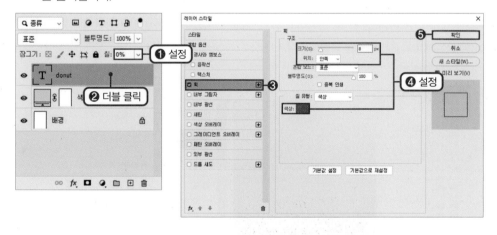

05 레이어 패널의 'donut' 레이어가 선택된 상태로 ① Ctrl + J를 다섯 번 눌러 레이어를 복사해 총 여섯 개의 'donut' 레이어를 만듭니다. ② 마지막에 복사된 'donut 복사 5' 레이어를 ③ **칠: 100%**로 설정하고 도구 패널에서 ④ [이동 도구(⊕)]를 클릭한 후 캔버스에서 'DONUT'을 ⑤ Shift를 누른 채 드래그하여 맨 아래 배치합니다.

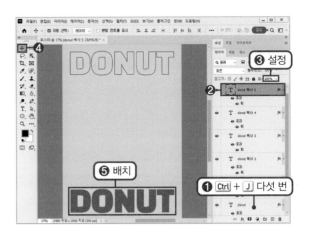

06 레이어 패널에서 ① 'donut' 레이어를 선택하고 ② Shift를 누른 채 'donut 복사 5' 레이어를 클릭합니다. 옵션 패널에서 ③ 세로 간격 정렬 아이콘(≡)을 클릭하여 복사된 레이어의 간격을 균등하게 정렬합니다.

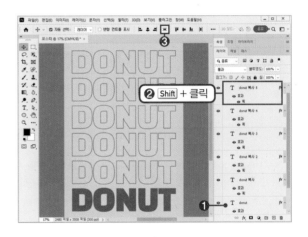

07 ① Ctrl + G를 눌러 그룹 레이어를 만들고 ② 이름을 **타이포그래피**로 변경합니다. ③ Ctrl + A를 눌러 전체 영역을 선택하고 옵션 패널에서 ④ 세로 가운데 정렬 아이콘(♣)과 ⑤ 가로 가운데 정렬 아이콘(╫)을 클릭해 전체 영역의 가운데로 정렬한 후 ⑥ Ctrl + D를 눌러 선택 해제합니다.

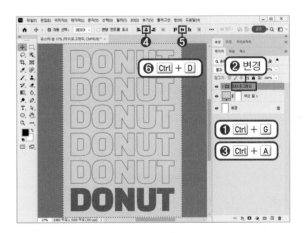

타원 모양을 변형해서 포스터 꾸미기

뒤틀기 기능으로 타원 모양을 변형하여 포스터에 꾸밈 요소로 사용하겠습니다. 타원을 불규칙한 모양으로 자유롭게 만들어 주세요.

01 도구 패널에서 ① [타원 도구(◯.)]를 클릭합니다. 옵션 패널에서 ② [칠]을 클릭하고 최근 사용한 색상에서 문자에 사용했던 ③ 분홍색을 선택합니다. ④ 캔버스를 클릭해 타원 만들기 창이 뜨면 ⑤ 폭: 1900픽셀, 높이: 1900픽셀로 설정하고 ⑥ [확인]을 클릭합니다.

02 도구 패널에서 ① [이동 도구(✛.)]를 클릭하고 ② 타원을 캔버스 가운데 배치합니다. ③ Ctrl + T 를 누르고 마우스 오른쪽 버튼으로 타원을 클릭해 ④ [뒤틀기]를 선택합니다. ⑤ 조절점과 조절점 내부 공간을 드래그하여 모양을 약간만 변형해 주세요.

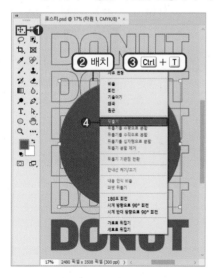

03 ① Enter 를 눌러 변형을 마친 후 ② 타원을 캔버스 왼쪽에 배치합니다. 레이어 패널에서 '타원 1' 레이어가
선택된 상태로 ③ Ctrl + J 를 눌러 복사한 후 ④ '타원 1 복사' 레이어의 섬네일을 더블 클릭합니다. 색상
피커 창을 열어 ⑤ **색상코드: #9bd8db**로 입력하고 ⑥ [확인]을 클릭합니다.

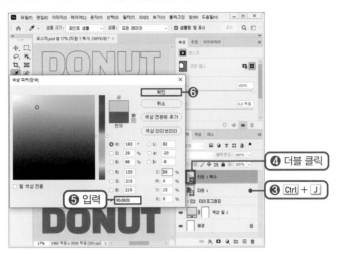

04 ① Ctrl + J 를 눌러 레이어를 하나 더 복
사하고 ② '타원 1 복사 2' 레이어의 섬네일
을 더블 클릭합니다. 색상 피커 창을 열고
③ **색상코드: #addbc2**로 입력한 후 ④ [확
인]을 클릭합니다.

05 ① Ctrl + T를 눌러 '타원 1 복사 2' 레이어의 타원 사이즈를 줄이고 각도를 회전합니다. ② 그림과 같이 캔버스 아래 배치하고 ③ Enter를 누릅니다. '타원 1 복사' 레이어의 타원도 같은 방법으로 사이즈와 각도를 조절한 후 ④ 오른쪽 모서리에 배치하고 ⑤ Enter를 누릅니다.

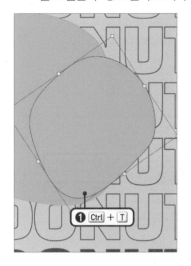  

도넛 이미지 추출하기

신제품 도넛의 이미지를 포스터에 합성하기 위해 배경을 제거한 후 사이즈를 조절하여 보기 좋게 배치하겠습니다. 포토샵 자동 기능을 이용해 간단하게 배경을 제거해 보겠습니다.

01 예제 폴더에서 ① 도넛.jpg 이미지를 포토샵 작업 캔버스로 드래그하고 ② Enter를 누릅니다.

02 도구 패널에서 ① [자동 선택 도구(🪄)]를 클릭하고 옵션 패널의 ② [피사체 선택] 옵션 항목을 클릭합니다. ③ [클라우드(자세한 결과)]를 선택하고 ④ [피사체 선택]을 클릭합니다. 점선으로 도넛 영역이 선택되면 ⑤ 레이어 패널의 레이어 마스크 아이콘(🔲)을 눌러 마스크를 씌워 줍니다.

03 배경이 제거된 도넛 이미지는 ① Ctrl + T를 눌러 조절점이 생기면 ② Alt를 누른 채 드래그하여 포스터 가운데 크게 키워 줍니다. 적당히 사이즈를 키운 후 ③ Enter를 눌러주세요.

제품명과 가격 입력하기

왼쪽에 있는 타원 부분에 제품명과 가격을 입력하겠습니다. 제품명을 입력할 때 배경에 들어가 있는 타이포
그래피와 중복 선택될 수 있기 때문에 레이어 패널에 있는 타이포그래피 그룹 레이어의 눈(👁)을 끄고 작업
하겠습니다.

01 레이어 패널에서 ① '타이포그래피' 그룹 레이어의 눈(👁)을 끄고 도구 패널의 ② [수평문자 도구(T)]를 클릭합니다. 옵션 패널에서 ③ 폰트: tvN 즐거운이야기, Bold, 사이즈: 134픽셀, 색상: #ffffff로 설정한 후 ④ 도넛과 겹쳐지지 않는 타원의 윗 부분을 클릭하고 **신제품!**을 입력합니다. ⑤ Esc를 눌러 입력을 닫아 줍니다.

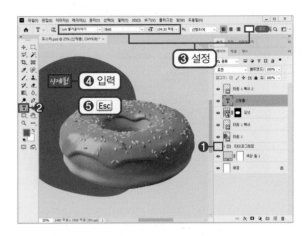

02 ① '신제품!'아래를 클릭하고 **체리블라썸**을 입력합니다. ② Esc를 눌러 입력을 닫고 옵션 패널에서 ③ 폰트: Black Han Sans, 사이즈: 160픽셀로 설정합니다. 캔버스에서 ④ '체리블라썸' 아래를 클릭하고 3000원을 입력한 후 ⑤ Esc를 눌러 줍니다.

03 옵션 패널에서 ① **사이즈: 120픽셀**로 설정하여 '3000원'의 사이즈를 줄여 줍니다. 도구 패널의 ② [이동 도구(⊕)]를 클릭한 후 ③ 적당한 간격을 두고 왼쪽으로 배치합니다.

04 레이어 패널에서 ① '타원 1 복사 2' 레이어를 클릭하고 ② '타이포그래피' 그룹 레이어 아래로 드래그하여 배치합니다. ③ '타이포그래피' 그룹 레이어의 눈(◉)을 켜주면 신제품 홍보 포스터가 완성됩니다.

 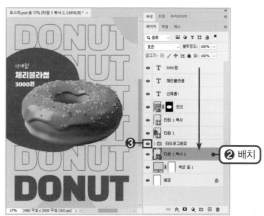

실전 가이드!

인쇄물 PDF로 저장하고 주문하기

예전에는 직접 인쇄소에 방문해 인쇄를 맡겼지만 요즘에는 온라인으로 간편하게 원하는 수량만큼 인쇄물을 주문할 수 있습니다. 경우에 따라 온라인 절차가 어렵게 느껴진다면 가까운 인쇄 업체에 직접 방문하는 것도 좋습니다. 온라인으로 인쇄물을 주문하기 전에 작업 파일을 PDF로 저장하는 방법과 다양한 인쇄 업체를 알아보겠습니다.

📁 예제 파일 | Ch08\01\실전\포스터.psd

PDF 저장하기

인쇄물의 경우 AI, JPG, PNG, PDF 등 인쇄 업체마다 요구하는 파일에 차이가 있을 수 있습니다. 일반적으로 PDF 파일을 선호하기 때문에 작업한 PSD 파일을 PDF 파일로 저장하는 방법을 알아보겠습니다.

01 ① Ctrl + O를 눌러 **포스터.psd** 파일을 열고 메뉴의 ② [파일] 〉 ③ [다른 이름으로 저장]을 선택합니다.

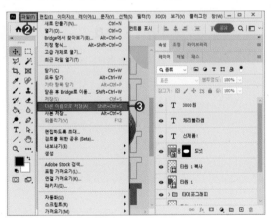

> **작업하기 전에** | **작업 가이드 확인하기**
>
> 인쇄 업체별로 재단선, 파일 형식 등 요구하는 작업 가이드가 조금씩 다르기 때문에 인쇄 업체의 작업 가이드를 먼저 확인하고 주문하는 것이 좋습니다.

02 다른 이름으로 저장 창이 뜨면 ① 파일 형식을 [Photoshop PDF]로 선택하고 ② [저장]을 클릭합니다. 알림 창이 뜨면 ③ [확인]을 클릭하여 닫아 줍니다.

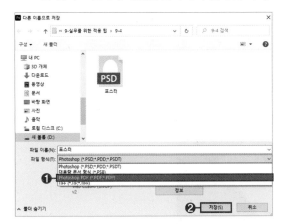 

03 Adobe PDF 저장 창이 뜨면 기본 설정 값 그대로 [PDF 저장]을 클릭합니다.

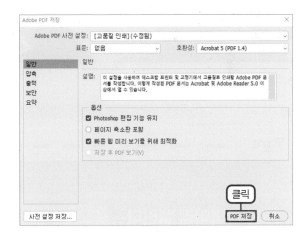

TIP 포토샵 편집 기능 유지

Photoshop 편집 기능 유지란 PDF 파일로 저장하여도 포토샵에서 PDF 파일을 열어 다시 수정하는 것이 가능한 기능으로 원래 작업한 버전과 동일한 버전의 포토샵에서만 수정할 수 있습니다. 관련된 창이 뜨면 [예]를 클릭해 주세요.

오프라인 인쇄소와 온라인 인쇄소

인쇄물을 주문하기 전 각 업체별로 가격과 신뢰도를 비교해 자신에게 적합한 인쇄소를 찾아보세요. 검색 창에 '명함 인쇄', '포스터 인쇄' 등 필요한 인쇄물을 검색하면 인쇄소를 찾는 데 도움이 됩니다.

오프라인 인쇄소

오프라인 인쇄소의 장점은 종이의 재질을 직접 확인할 수 있고, 인쇄 전문가에게 궁금한 부분을 직접 물어볼 수 있다는 것입니다. 급하게 인쇄물이 필요할 때 오프라인 인쇄소 사이트에서 견적을 문의하거나 전화로 비대면 상담을 받은 후 방문하는 것이 좋습니다.

▲ 킨코스코리아(www.kinkos.co.kr)

▲ 타라 그래픽스(www.taragrp.co.kr)

온라인 인쇄소

온라인 인쇄소마다 인쇄물을 주문할 때 조금씩 차이가 있지만 보통 인쇄할 사이즈와 수량, 종이의 재질을 선택하고 PDF 파일을 업로드하여 주문합니다. 주문이 접수되어 인쇄가 들어가면 취소가 어려우니 인쇄 가이드에 맞게 작업하였는지 파일을 확인한 후 업로드합니다.

▶ 오프린트미(www.ohprint.me)

▶ 성원애드피아(www.swadpia.co.kr)

▶ 레드프린팅 앤 프레스(www.redprinting.co.kr)

매장을 홍보하기 위한 X배너 만들기

Lesson
02

매장이 1층에 있지 않은 경우 매장을 홍보하는 X배너를 거리에 세워 고객을 유입할 수 있습니다. 매장이 1층에 있더라도 건물 내부에 있어 잘 보이지 않는 경우에는 X배너로 그냥 지나칠 수 있는 고객의 관심을 끌 수 있습니다. 여러분이 건물 내부에 요가 센터를 운영한다고 가정하고 요가 센터의 오픈을 알리는 X배너를 제작해 보겠습니다.

Design Point

- X배너 안에 너무 많은 내용을 넣지 않습니다.
- 가장 홍보하고 싶은 정보를 X배너를 통해 제공합니다.
- 매장을 잘 나타낼 수 있는 이미지를 선택합니다.

디자인 미리보기

▶ 동영상 강의

- **예제 파일:** Ch08\02\예제\요가.jpg
- **완성 파일:** Ch08\02\완성\X배너.psd
- **사용 폰트:** Lobster, 가나초콜릿체
- **작업 사이즈:** 600 × 1800mm

아치 모양의 이미지 영역 만들기

배너 아래 부분에 사다리꼴 모양의 사각형을 만들고, 사각형 도형의 모양을 아치 모양으로 변형해 이미지를 넣을 영역을 만들어 보겠습니다.

01 ① Ctrl + N으로 새로운 문서 만들기 창을 열고 ② 제목을 X배너로 입력합니다. ③ 폭: 600밀리미터, 높이: 1800밀리미터, 해상도: 300픽셀/인치, 색상 모드: CMYK 색상으로 설정하고 ④ [만들기]를 클릭합니다.

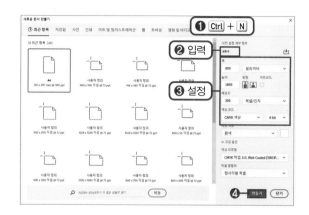

02 도구 패널에서 ① [사각형 도구(□)]를 클릭하고 옵션 패널에서 ② 칠: #7d469b, 획: 없음으로 설정한 후 ③ 캔버스 아래 부분의 절반 정도 사이즈로 드래그합니다. 도구 패널에서 ④ [직접 선택 도구(▷)]를 클릭합니다.

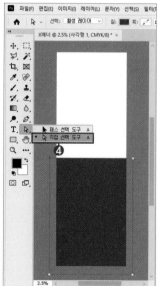

03 ① 사각형의 왼쪽 위 조절점을 클릭하고 아래로 드래그합니다. 사각형 윗면을 사선으로 만들어 주세요. 모양을 보통 패스로 변환하겠냐는 창이 뜨면 ② [예]를 클릭합니다.

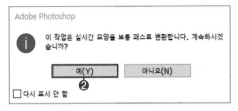

04 도구 패널의 ① [사각형 도구(▢)]를 클릭한 후 ② 캔버스를 클릭합니다. 사각형 만들기 창이 뜨면 ③ 폭: 6000 픽셀, 높이: 10000픽셀로 설정한 후 ④ 연결 아이콘(⑧)을 클릭해 선택을 해제합니다. ⑤ 왼쪽, 오른쪽 위 반경: 3000픽셀, 나머지 반경: 0으로 설정한 후 ⑥ [확인]을 클릭합니다.

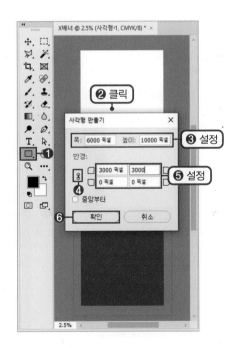

05 속성 패널에서 사각형의 위치를 X: 544픽셀, Y: 6400픽셀로 설정합니다.

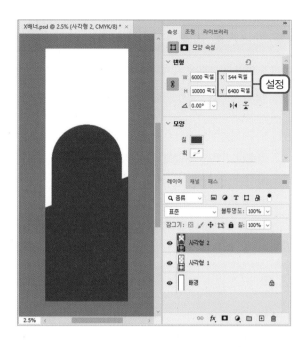

06 레이어 패널에서 ① '사각형 2' 레이어의 섬네일을 더블 클릭해 색상 피커 창이 열리면 ② **색상코드: #000000**으로 입력하고 ③ [확인]을 클릭합니다. 첫 번째로 만든 사다리꼴 모양의 사각형과 구분하기 위해 색상을 설정한 것이기 때문에 다른 색으로 설정해도 좋습니다.

X배너를 통해 홍보할 내용 입력하기 ● ● ●

이미지 영역 윗부분에 요가 센터 이름과 오픈 기념 할인율을 입력하고 이미지 영역 아랫부분에는 요가를 배웠을 때 볼 수 있는 효과를 간단히 소개하겠습니다.

01 도구 패널에서 ① [수평 문자 도구(**T.**)]를 클릭하고 옵션 패널에서 ② **폰트: Lobster, 사이즈: 2200픽셀, 색상: #7d469b**로 설정합니다. ③ 캔버스 윗부분을 클릭하고 Yoga & Pilates를 두 줄로 입력합니다.

02 ① '&'만 드래그하고 속성 패널에서 ② **사이즈: 1100픽셀**로 설정합니다.

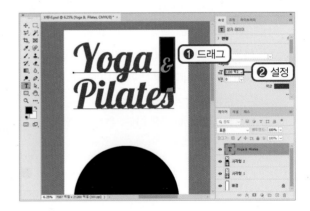

03 도구 패널에서 ① [이동 도구(✛)]를 클릭
하고 ② 문자를 X배너 윗부분 가운데 배치
한 후 속성패널에서 ③ **행간: 2000픽셀**로
설정합니다.

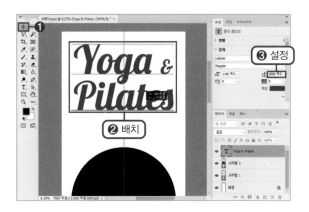

04 도구 패널에서 ① [사각형 도구(▢)]를 클
릭한 후 ② 캔버스를 클릭해 사각형 만들기
창을 열어 줍니다. ③ **폭: 5800 픽셀, 높이:
1150픽셀**로 설정하고 ④ **반경**을 모두 **580
픽셀**로 설정한 후 ⑤ [확인]을 클릭합니다.

05 도구 패널의 ① [이동 도구(✛)]를 클릭한
후 ② 도형을 'Yoga & Pilates' 아래 배치합
니다.

06 도구 패널의 ① [수평 문자 도구(T.)]를 클릭하고 옵션 패널에서 ② **폰트: 가나초콜릿, 사이즈: 670픽셀, 색상: #ffffff**로 설정합니다. 도형 위에 마우스를 올린 후 ③ Enter 를 누릅니다. ④ 도형을 클릭하고 **오픈 기념 30%**를 입력합니다. 도구 패널에서 ⑤ [이동 도구(✛.)]를 클릭한 후 ⑥ 문자를 도형 가운데 배치합니다.

07 도구 패널의 ① [수평 문자 도구(T.)]를 클릭한 후 ② 이미지 영역 아래를 클릭하고 **체형관리, 자세교정, 다이어트**를 세 줄로 입력해 주세요. 도구 패널에서 ③ [이동 도구(✛.)]를 클릭하고 속성 패널에서 ④ **사이즈: 800픽셀, 행간: 1000픽셀**로 설정한 후 ⑤ 문자를 아랫부분 가운데 배치합니다.

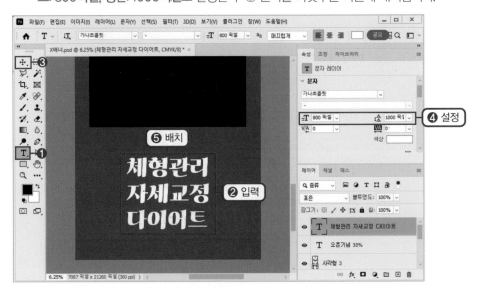

클리핑 마스크로 이미지 삽입하기

아치 모양 도형에 요가하는 사람의 이미지를 클리핑 마스크로 넣고 X배너를 완성하겠습니다.

01 레이어 패널에서 ① '사각형 2' 레이어를 선택합니다. 예제 폴더에서 ② 요가.jpg를 작업 캔버스로 드래그한 후 ③ Enter 를 눌러 줍니다. 레이어 패널에서 ④ '요가' 레이어와 '사각형 2' 레이어 사이에서 Alt 를 누른 채 클릭하여 클리핑 마스크를 씌워 줍니다.

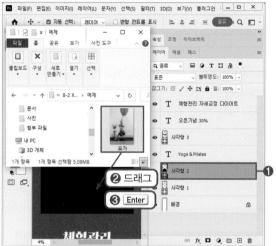

02 ① Ctrl + T 를 누르고 ② Alt 를 누른 채 조절점을 드래그하여 인물이 잘 보이도록 이미지를 키워 줍니다. ③ Enter 를 눌러 X배너를 완성합니다.

Lesson
03
마케팅 필수 요소 명함 만들기

개인 사업을 시작하거나 프리랜서로 일하게 되면 마케팅을 위한 개인 명함이 필요합니다. 경우에 따라 업종에 맞는 홍보 이미지나 내용을 넣기도 하지만 대부분 회사 로고와 이름, 연락처와 같은 인적사항이 들어갑니다. 특별히 꾸미지 않고 기본적인 요소만 충실하게 넣어서 쉽게 명함을 만들 수 있습니다.

Design Point

• 명함을 꾸미는 것보다 필수로 들어갈 사항을 넣어 명함을 만드는 것에 집중합니다.
• 명함이 잘려나갈 재단 영역을 고려해 디자인합니다.
• 회사 로고, 이름, 연락처 등 필수 정보를 반드시 넣어 명함을 제작합니다.

디자인 미리보기

• **예제 파일:** Ch08\03\예제\yoga_logo.ai, 명함앞면.psd
• **완성 파일:** Ch08\03\완성\명함뒷면.psd, 명함앞면.psd
• **사용 폰트:** Noto Sans KR
• **작업 사이즈:** 9.2 × 5.2cm

일러스트 로고 파일 불러오기

일반적으로 로고는 일러스트레이터에서 작업하기 때문에 확장자가 'ai'인 경우가 많습니다. 포토샵에서 일러스트 파일을 수정할 수는 없지만 이미지 형태로 불러오는 것은 가능합니다.

01 포토샵을 실행한 후 예제 폴더에서 yoga_logo.ai와 **명함앞면.psd** 파일을 한 번에 포토샵으로 드래그합니다.

02 PDF 가져오기 창이 뜨면 [확인]을 클릭합니다.

03 두 개의 파일이 열리면 메뉴의 ① [창] 〉 ② [정돈] 〉 ③ [나란히 놓기]를 선택하여 두 개의 캔버스를 나란히 배열합니다.

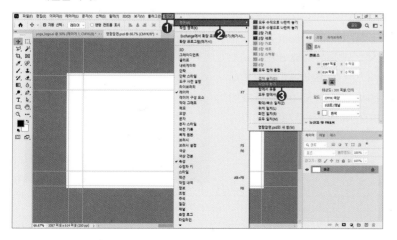

04 ① [yoga_logo.ai] 캔버스를 선택하고 ② 로
고 이미지를 [명함앞면.psd] 캔버스로 드래
그합니다. ③ [yoga_logo.ai] 캔버스는 닫아
주세요.

05 보통 패스로 변환 여부를 묻는 창이 뜨면
[아니오]를 클릭합니다.

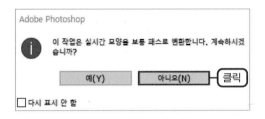

06 속성 패널에서 ① 폭: 260픽셀, 높이: 168
픽셀로 설정하여 사이즈를 줄인 후 도구 패
널의 ② [이동 도구( )]를 클릭해 ③ 가이
드라인 오른쪽 위에 배치합니다.

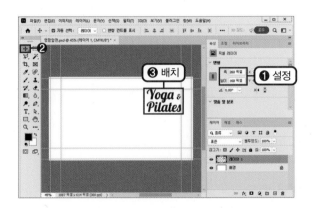

> **TIP** 사이즈와 가이드라인 이해하기
>
> 예제 파일의 명함 사이즈는 가장 많이 사용하는 가로: 5cm, 세로: 9cm
> 사이즈이며 재단선을 고려한 실제 작업 사이즈는 가로: 5.2cm, 세로:
> 9.2cm입니다. 명함에서 가장 바깥쪽에 있는 가이드라인이 재단선입니
> 다. 명함을 자를 때 밀림 현상이 있을 수 있어 약간의 여유를 두고 작
> 업해야 합니다. 안쪽 가이드라인은 디자인에 여백을 주기 위한 가이드
> 라인이며, 명함의 종류와 디자인에 따라 자유롭게 변경할 수 있습니다.
>
>

필수 정보 입력하기

명함에 기본적으로 들어가야 할 필수 정보를 입력합니다. 본인의 이름과 상호명은 폰트의 두께를 이용해 강조하고, 주소와 전화번호, 이메일, 홈페이지 주소 등의 정보를 입력하겠습니다.

01 도구 패널의 ① [수평 문자 도구(T.)]를 클릭하고 옵션 패널에서 ② **폰트**: Noto Sans KR, Bold, **사이즈**: 46픽셀, **색상**: #232323으로 설정합니다. ③ 가이드라인에 맞춰 왼쪽에 이름을 입력합니다.

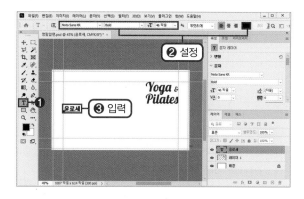

02 도구 패널의 ① [이동 도구(✛.)]를 클릭한 후 ② 왼쪽 가이드라인과 로고 아래 부분에 맞춰 배치합니다.

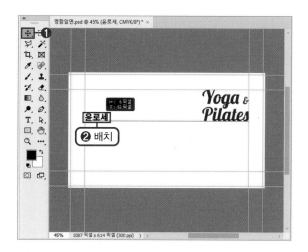

03 도구 패널의 ① [수평 문자 도구(T.)]를 클릭한 후 ② 이름 오른쪽에 **강사**를 입력합니다.

04 도구 패널의 ① [이동 도구(┼)]를 클릭한 후 속성 패널에서 ② **두께: Regular, 사이즈: 26픽셀**로 설정하고 ③ 이름에 맞춰 오른쪽에 배치합니다.

05 도구 패널의 ① [수평 문자 도구(T)]를 클릭한 후 ② 캔버스 왼쪽 아래 상호명과 주소, 전화번호 등을 차례대로 입력합니다. Enter 를 눌러 줄을 바꿀 수 있습니다.

06 ① 상호명을 드래그한 후 속성 패널에서 ② **두께: Bold**로 설정합니다.

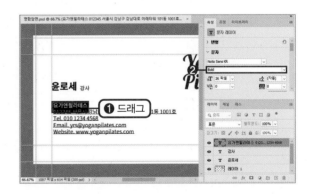

07 도구 패널의 ① [이동 도구(┼)]를 클릭한 후 속성 패널에서 ② **행간: 42픽셀**로 설정하고 ③ 왼쪽과 아래 가이드라인에 맞춰 배치합니다.

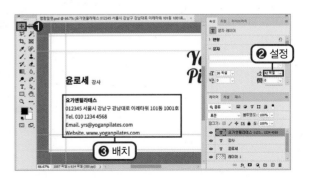

명함 뒷면 만들기

명함 디자인에 통일감을 주기 위해 로고의 색상을 명함 뒷면의 배경색으로 사용하고, 로고의 색상은 흰색으로 바꿔 주겠습니다. 명함 뒷면에 로고를 한 번 더 넣으면 브랜드를 강조할 수 있습니다.

01 ① Ctrl + S 를 눌러 **명함앞면.psd** 파일을 저장한 후 ② Shift + Ctrl + S 를 눌러 다른 이름으로 저장 창이 열리면 ③ 파일 이름을 **명함뒷면**으로 입력하고 ④ [저장]을 클릭합니다.

02 레이어 패널에서 ① '윤로세' 레이어를 클릭하고 ② Shift 를 누른 채 '요가앤필라테스 0123… 1234 4568' 레이어를 클릭하여 문자 레이어를 모두 선택한 후 ③ Delete 를 눌러 삭제합니다.

03 레이어 패널에서 ① '배경' 레이어를 선택하고 도구 패널의 ② [스포이드 도구(🖉)]를 클릭한 후 ③ 로고에 있는 색상을 클릭하여 추출합니다.

04 전경색에 색상이 추출되었으면 도구 패널의 ① [그레이디언트 도구(■)]를 길게 클릭해 ② [페인트 통 도구(🖎)]를 선택합니다.

05 캔버스를 클릭해 배경색을 채워 줍니다.

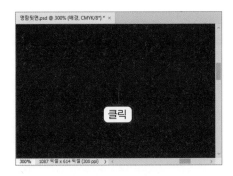

06 레이어 패널에서 ① '레이어 1' 레이어를 더블 클릭하고 레이어 스타일 창이 열리면 ② [색상 오버레이]를
선택합니다. 색상 오버레이에서 ③ [색상]을 클릭해 색상 피커 창에서 ④ **색상코드: #ffffff**를 입력한 후 ⑤
색상 피커와 ⑥ 레이어 스타일 창의 [확인]을 클릭합니다.

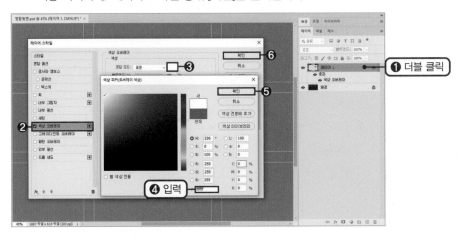

07 로고가 흰색으로 변경되었으면 ① Ctrl + A를 눌러 전체 영역을 선택합니다. 도구 패널의 ② [이동 도구
(⊹)]를 클릭하고 옵션 패널에서 ③ 세로 가운데 정렬 아이콘(♣)과 ④ 가로 가운데 정렬 아이콘(▮♦)을
클릭해 로고를 캔버스 전체 영역의 가운데로 옮겨 줍니다. ⑤ Ctrl + D를 눌러 선택 영역을 해제합니다.
명함 만들기를 완성하였습니다.

다양하게 응용 가능한 메뉴판 만들기

가상의 피자 가게 메뉴판을 만들어 보겠습니다. A4 사이즈로 제작하여 피자 메뉴의 이미지와 메뉴명, 가격 등을 가독성이 좋게 배치합니다. 꼭 피자 가게가 아니더라도 카페나 다른 음식점 등에 응용할 수 있도록 기본적인 형태의 메뉴판으로 디자인하겠습니다.

Design Point

• 메뉴 이미지와 메뉴명, 가격 등이 연결되어 잘 보일 수 있게 직관적으로 디자인합니다.
• 어떤 메뉴들이 있는지 잘 파악할 수 있도록 깔끔하고 군더더기 없이 디자인합니다.

디자인 미리보기

• **예제 파일:** Ch08\04\예제\01트러플치즈.png, 02더블바베큐.png, 03고르곤졸라.png
• **완성 파일:** Ch08\04\완성\메뉴판.psd
• **사용 폰트:** Rix열정도, 에스코어드림
• **작업 사이즈:** 21 × 29.7cm

메뉴판 가이드라인 만들기

작업하기 전 가이드라인을 먼저 만들어 놓은 후 디자인하면 디자이너가 작업한 것처럼 깔끔한 결과물을 얻을 수 있습니다. 본격적으로 작업하기 전 캔버스에 가이드라인을 만들어 보겠습니다.

01 포토샵을 실행한 후 ① Ctrl + N을 눌러 새로운 문서 만들기 창을 열어 줍니다. ② [인쇄] 탭을 클릭하고 ③ [A4]를 선택합니다. ④ 제목을 **메뉴판**으로 입력한 후 ⑤ **색상 모드: CMYK 색상** 설정하고 ⑥ [만들기]를 클릭합니다.

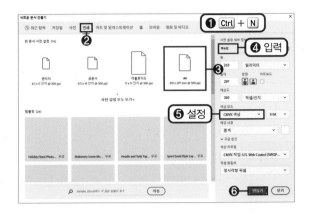

02 A4 사이즈의 캔버스가 생성되었으면 메뉴의 ① [보기] 〉 ② [안내선] 〉 ③ [새 안내선 레이아웃]을 선택합니다.

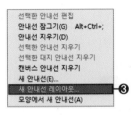

03 새 가이드 레이아웃 창이 뜨면 여백을 ① 위쪽: 200픽셀, 왼쪽: 270픽셀, 아래쪽: 200픽셀, 오른쪽: 270픽셀로 설정하고 ② [확인]을 클릭합니다.

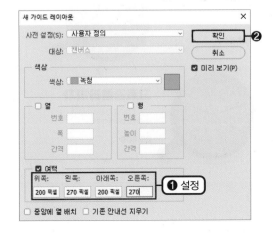

04 가이드라인을 만든 후 메뉴의 ① [보기] 〉 [안내선] 〉 [새 안내선]을 선택하고 새 가이드 창에서 ② 방향을 **가로**로 ③ 위치를 720으로 ④ 색상을 녹색으로 설정한 후 ⑤ [확인]을 클릭하여 위쪽에 가이드라인을 추가합니다.

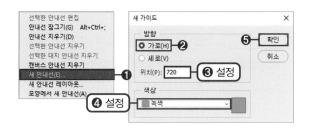

가이드라인에 맞춰 이미지 레이아웃 잡기

세 가지 피자 메뉴 이미지를 위쪽 가이드라인과 아래쪽 가이드라인에 맞춰 배치하고, 정렬 기능으로 이미지 사이 간격을 균등하게 정렬하겠습니다.

01 ① Ctrl + O를 눌러 피자 사진 세 개를 모두 선택하고 ② [열기]를 클릭합니다.

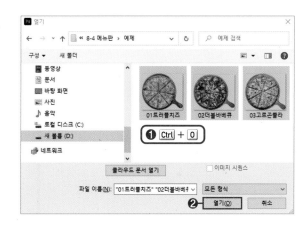

02 사진이 모두 열리면 메뉴의 ① [창] 〉 ② [정돈] 〉 ③ [나란히 놓기]를 선택합니다.

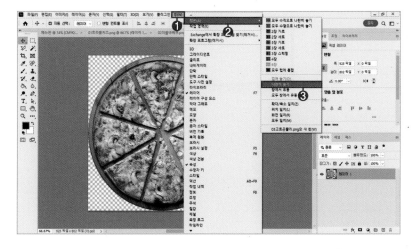

03 도구 패널의 ① [이동 도구(✛)]를 클릭한 후 ② '01트러플치즈', '02더블바베큐', '03고르곤졸라' 이미지를 순서대로 [메뉴판] 캔버스에 드래그합니다. 드래그한 후 피자 이미지 캔버스는 모두 닫아 주세요.

04 레이어 패널에서 '01트러플치즈' 이미지가 맨 위에 오게 ① '레이어 1', '레이어 2', '레이어 3'의 순서로 드래그하여 배치합니다. ② 레이어의 이름을 각각 더블 클릭하여 '1', '2', '3'으로 변경합니다.

05 ① '1' 레이어를 선택하고 ② [Ctrl] + [T]를 누른 후 ③ 왼쪽 가이드라인과 초록색 가이드라인에 드래그하여 배치합니다. ④ [Enter]를 누릅니다.

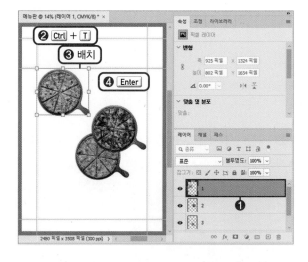

06 레이어 패널에서 ① '2' 레이어를 선택하고 ② Ctrl + T 를 눌러 ③ 오른쪽 가이드라인에 드래그하여 배치한 후 ④ Enter 를 누릅니다.

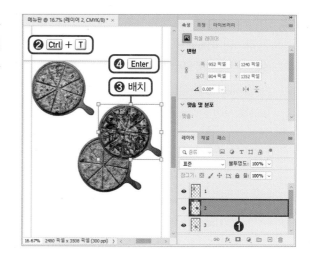

07 레이어 패널에서 ① '3' 레이어를 선택합니다. ② Ctrl + T 를 누르고 ③ 왼쪽 아래 가이드라인에 그림과 같이 드래그하여 배치한 후 ④ Enter 를 누릅니다.

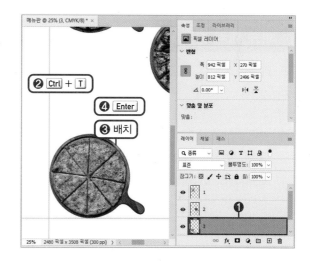

TIP 여러 개의 레이어가 겹쳐 있을 때 특정 레이어를 선택하는 방법

캔버스에 여러 개의 레이어가 겹쳐 있어 특정 레이어를 선택하기 어려운 경우 레이어 패널에서 레이어를 선택한 후 Ctrl + T 를 누르면 선택한 레이어를 쉽게 확인할
수 있습니다. 또는 도구 패널에서 [이동 도구( )]를 클릭하고 [자동 선택]을 선택 해제하면 레이어 패널에서 선택한 레이어만 이동할 수 있습니다.

08 가이드라인에 맞춰 이미지를 배치하였으면 면 레이어 패널에서 ① '1', '2', '3' 레이어를 Shift를 누른 채 모두 선택하고 옵션 패널에서 ② 세로 간격 정렬 아이콘(⬛)을 클릭하여 사이사이 간격을 균등하게 정렬합니다.

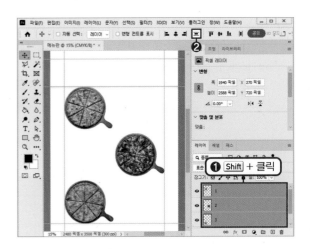

메뉴 제목 입력하기

메뉴의 종류가 여러 가지일 경우 각 페이지마다 어떤 종류에 관한 메뉴인지 알 수 있게 위쪽에 제목을 입력하겠습니다.

01 도구 패널에서 ① [수평 문자 도구(T,)]를 클릭하고 옵션 패널에서 ② 폰트: Rix열정도, 사이즈: 280픽셀, 색상: #b43025로 설정하고 ③ 캔버스 위쪽을 클릭하여 PIZZA 를 입력합니다. 도구 패널에서 ④ [이동 도구(✛,)]를 클릭하고 ⑤ 위쪽 가이드라인에 붙인 후 가운데로 드래그하여 배치합니다.

02 도구 패널에서 ① [사각형 도구(▢,)]를 클릭하고 옵션 패널에서 ② 색상: #b43025 로 설정합니다. ③ 캔버스를 클릭하여 사각형 만들기 창을 열고 ④ 폭: 1100픽셀, 높이: 100픽셀, 반경: 50픽셀로 설정하고 ⑤ [확인]을 클릭합니다.

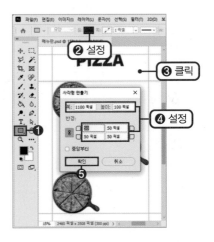

03 도구 패널에서 ① [이동 도구(✛)]를 클릭하고 ② 'PIZZA' 아래쪽 가운데에 배치합니다.

04 도구 패널에서 ① [수평 문자 도구(T)]를 클릭하고 옵션 패널에서 ② 폰트: 에스코어 드림, 5 Medium, 사이즈: 50픽셀, 색상: #ffffff로 설정하고 ③ Enter를 눌러 줍니다.

05 ① 도형을 클릭한 후 수제 도우로 정성껏 만든 정통 이탈리안 화덕피자를 입력합니다. 도구 패널의 ② [이동 도구(✛)]를 클릭하고 도형 안에 배치합니다.

메뉴판 문자 입력하기

세 가지 피자의 메뉴명과 메뉴 소개글, 가격 등의 정보를 입력하겠습니다. 가장 중요한 메뉴명은 사이즈를 키워 강조하겠습니다.

01 도구 패널의 ① [수평 문자 도구(T.)]를 클릭합니다. ② 첫 번째 피자 이미지의 오른쪽 빈 영역을 클릭한 후 ③ 속성 패널에서 **폰트: Rix열정도, 사이즈: 120픽셀, 색상: #232323**으로 설정합니다. ④ **트러플치즈피자**를 입력한 후 ⑤ **Esc**를 눌러 입력을 닫습니다.

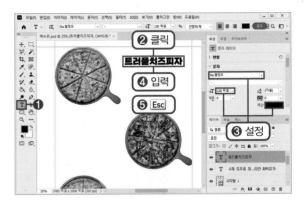

02 메뉴명 아래를 클릭한 후 메뉴에 대한 설명을 두 줄로 입력합니다.

03 도구 패널의 ① [이동 도구(✛)]를 클릭하고 속성 패널에서 ② **폰트: 에스코어 드림, 4 Regular, 사이즈: 60픽셀, 행간: 90픽셀, 색상: #787979**로 설정한 후 ③ 메뉴명에 맞춰 배치합니다.

04 도구 패널의 ① [수평 문자 도구(T.)]를 클릭한 후 ② 메뉴 설명 아래에 23,900을 입력합니다.

05 도구 패널의 ① [이동 도구(✛.)]를 클릭한 후 속성 패널에서 ② **폰트: Rix열정도, 사이즈: 70픽셀, 색상: #232323**으로 설정하고 ③ 메뉴 설명 문자에 맞춰 배치합니다.

그룹 레이어를 복사하여 수정하기

반복되는 작업은 새로 만들지 않고 레이어를 그룹화한 후 그룹 레이어를 복사해 내용을 수정하여 편리하게 작업할 수 있습니다.

01 레이어 패널에서 ① 메뉴명과 설명, 가격 문자 레이어를 [Shift]를 누른 채 클릭하고 ② 폴더 아이콘(▣)을 눌러 그룹화합니다. ③ 그룹명을 더블 클릭하고 **트러플치즈피자**로 변경해 주세요. 그 상태에서 ④ [Ctrl] + [J]를 두 번 눌러 그룹 레이어를 복사합니다. ⑤ 그룹명을 더블 클릭하여 **더블바베큐피자, 고르곤졸라피자**로 변경합니다.

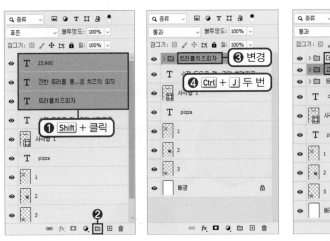

02 레이어 패널에서 ① '더블바베큐피자' 그룹 레이어를 선택하고 ② [Ctrl] + [T]를 눌러 주세요. 캔버스에서 ③ '더블바베큐피자' 그룹 레이어를 두 번째 피자 이미지 왼쪽으로 드래그하여 배치한 후 ④ [Enter]를 누릅니다.

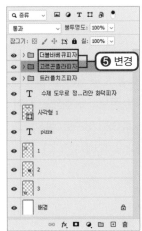

03 레이어 패널에서 ① '고르곤졸라' 그룹 레이어를 선택하고 ② Ctrl + T를 눌러 줍니다. 캔버스에서 ③ '고르곤졸라' 그룹 레이어를 Shift를 누른 채 세 번째 피자 이미지 오른쪽으로 드래그하여 배치한 후 ④ Enter를 누릅니다.

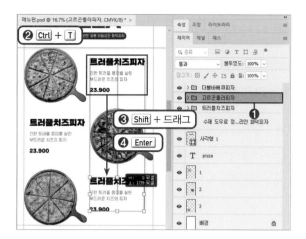

04 레이어 패널에서 ① '더블바베큐피자' 그룹 레이어의 화살표를 눌러 줍니다. 그룹 레이어가 열리면 ② '트러플치즈피자' 레이어의 섬네일을 더블 클릭하여 캔버스에서 '트러플치즈피자'에 블럭이 잡히면 ③ **더블바베큐피자**를 입력하여 메뉴명을 수정합니다.

05 더블바베큐피자의 ① 메뉴 설명과 가격을 수정한 후 레이어 패널에서 ② '고르곤졸라피자' 그룹 레이어의 화살표를 클릭하여 그룹을 열고 ③ **04**와 같은 방법으로 각각의 문자 레이어를 수정합니다.

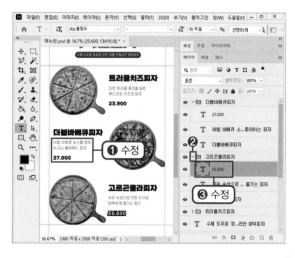

디자인에 포인트를 넣어 메뉴판 꾸미기

메뉴판이 조금 단조로워 보여서 전체적인 디자인 스타일을 해치지 않는 선에서 꾸며주겠습니다. 메뉴 이미지에 그림자 효과를 넣고, 'BEST' 표시를 넣어 메뉴를 강조하겠습니다.

01 레이어 패널에서 ① '1', '2', '3' 레이어를 Shift를 누른 채 클릭하고 ② 폴더 아이콘(▢)을 클릭하거나 단축키 Ctrl + G를 눌러 그룹으로 만듭니다.

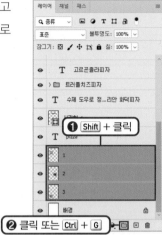

02 ① '그룹 1' 레이어를 더블 클릭해 레이어 스타일 창을 열고 ② [드롭 섀도]를 선택합니다. ③ 혼합 모드: 표준, 색상: #e5e5e5로 설정하고 ④ 각도: 90°, 거리: 75px, 스프레드: 50%, 크기: 0px로 설정한 후 ⑤ [확인]을 클릭합니다.

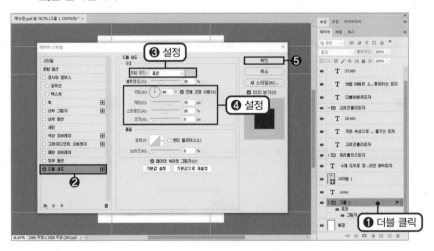

03 도구 패널에서 ① [사각형 도구(▢)]를 길게 클릭해 ② [타원 도구(◯)]를 클릭합니다. ③ 캔버스를 클릭하여 타원만들기 창이 뜨면 ④ 폭: 200픽셀, 높이: 200픽셀로 설정하고 ⑤ [확인]을 클릭합니다.

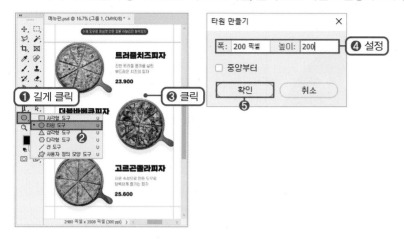

04 도구 패널의 ① [이동 도구(✛)]를 선택한 후 ② 타원을 두 번째 피자 이미지 오른쪽 윗부분에 살짝 겹쳐지게 배치합니다.

05 도구 패널에서 ① [수평 문자 도구(T)]를 클릭합니다. 옵션 패널에서 ② 폰트: Rix열정도, 사이즈: 50픽셀, 색상: #ffffff로 설정한 후 ③ Enter 를 누르고 ④ 타원 위를 클릭하여 BEST를 입력합니다. 도구 패널에서 ⑤ [이동 도구(✛)]를 클릭하고 방향키로 타원 가운데 문자가 오도록 위치를 조정하여 배치합니다.

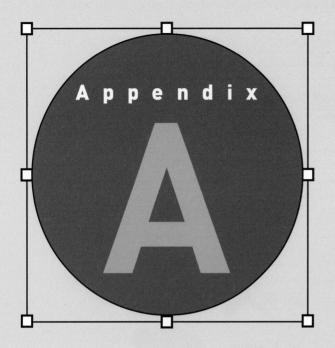

Appendix

A

알아두면 유용한 2023 포토샵 업데이트 사항과 새로운 기능에 대해 알아보고, 효율적인 작업을 위한 단축키를 소개하겠습니다. 그리고 여러분이 실제 포토샵을 작업하며 자주 묻는 질문 10가지에 대한 해결책을 소개합니다.

한 걸음 더

2023 포토샵 업데이트 사항과 새로운 기능 소개

포토샵이 업데이트 되면 새로운 기능이 추가되거나 기존 기능이 업그레이드됩니다. 어도비 클라우드에 로그인되어 있다면 어도비에서 사용하는 프로그램이 자동으로 업데이트가 되기 때문에 직접 다운로드를 하거나 업데이트를 하지 않아도 최신 버전의 포토샵을 사용할 수 있습니다.

개체 선택 도구 업데이트

개체 선택 도구가 업데이트되면서 포토샵의 AI 기능으로 사진에 있는 인물과 건물, 하늘 등 각각의 개체를 자동으로 선택할 수 있습니다. 도구 패널에서 [개체 선택 도구(□)]를 클릭하고 원하는 부분에 마우스를 오버하여 사용합니다.

카메라 로우 필터 마스크 기능 업데이트

카메라 로우 필터의 마스크 기능이 업데이트되었습니다. 포토샵에서 사진에 있는 인물을 자동으로 각각 인식하여 원하는 인물만 선택할 수 있습니다. 메뉴의 [필터] 〉 [카메라 로우 필터]를 선택하고 마스크 아이콘(◉)을 클릭합니다. 인물 항목에서 눈, 입술, 치아 등 세부적인 선택도 가능합니다.

[New] 선택 영역 삭제 및 채우기 기능

한 번의 클릭으로 원하는 부분을 제거하고 배경을 자연스럽게 채우는 기능이 추가되었습니다. ① 도구 패널의 [개체 선택 도구(🔲)]로 원하는 개체를 선택하고 마우스 오른쪽 버튼으로 클릭하여 ② [선택 영역 삭제 및 채우기]를 클릭하면 삭제된 부분에 배경이 자연스럽게 채워집니다.

[New] 뉴럴 필터 사진 복구 기능

오래된 사진의 스크래치를 제거할 수 있는 기능이 새롭게 추가되었습니다. 메뉴의 [필터] 〉 [뉴럴필터] 〉 [사진 복구(Beta)]를 선택하고 설정 값을 조절하여 사용합니다.

[New] 검토를 위한 공유 기능

공유 기능 중 [검토용으로 공유] 기능이 추가되었습니다. 옵션 패널에서 [공유] 〉 [링크만들기]를 선택하고 액세스 권한을 설정하여 작업 중인 포토샵 문서를 공유할 수 있습니다.

효율적인 작업을 위한 포토샵 단축키 모음

여러분들이 본격적으로 작업을 시작하기 전에 알아두면 좋은 포토샵 단축키를 소개합니다. 포토샵의 전체 단축키 중 활용도가 높은 단축키만 골라 정리하였습니다. 아래 단축키를 기억해 두면 효율적으로 포토샵 작업을 할 수 있습니다. 아래 단축키는 Windows를 기준으로 하였습니다. masOS의 경우 `Ctrl`은 `Command`로, `Alt`는 `Optoin`으로 대체하여 사용하면 됩니다.

파일 단축키

`Ctrl` + `N`   새 문서 생성하기

`Ctrl` + `O`   파일, 이미지 열기

`Ctrl` + `S`   작업 파일 저장하기

`Ctrl` + `Shift` + `S`   다른 이름으로 저장하기

`Ctrl` + `Alt` + `S`   이미지 저장하기

`Ctrl` + `Alt` + `Shift` + `S`   웹용 이미지 저장하기

`Ctrl` + `Alt` + `Shift` + `W`   이미지 내보내기

레이어 단축키

`Ctrl` + `C`   복사

`Ctrl` + `V`   붙여넣기

`Ctrl` + `J`   레이어 복사

`Ctrl` + `E`   레이어 합치기

`Ctrl` + `G`   그룹 만들기

`Ctrl` + `]` + `[`   레이어 순서 위, 아래로

`Ctrl` + `Shift` + `]` + `[`   레이어 순서 맨 위/아래로

선택 단축키

`Ctrl` + `A`   전체 영역 선택

`Ctrl` + `D`   선택 영역 해제

실행 단축키

`Ctrl` + `Z`   이전 단계로 되돌리기

`Ctrl` + `T`   자유 변형

`Ctrl` + `Alt` + `G`   클리핑 마스크

화면 단축키

Ctrl + +   화면 확대

Ctrl + -   화면 축소

Ctrl + R   눈금자 보기/숨기기

Ctrl + ;   가이드라인 보기/숨기기

밝기 및 색감 보정 단축키

Ctrl + L   레벨

Ctrl + M   곡선

Ctrl + U   색조/채도

Ctrl + B   색상 균형

Ctrl + Shift + U   흑백으로 바꾸기

기타 단축키

Ctrl + Y   RGB/CMYK 변환

] + [브러시 사이즈 조절

Ctrl + K   환경 설정

도구 패널 단축키

V   이동 도구

M   선택 윤곽 도구

L   올가미 도구

C   자르기 도구

W   선택 도구

I   스포이드 도구

J   복구 브러시 도구

B   브러시 도구

S   도장 도구

E   지우개 도구

G   그레이디언트 도구

O   닷지/번 도구

P   펜 도구

T   문자 도구

A   패스 선택 도구

U   사각형 도구

H , Space bar   손도구

Z   돋보기 도구

D   전경색/배경색 초기화

X   전경색/배경색 전환하기

Alt + Delete   전경색 채우기

Ctrl + Delete   배경색 채우기

Appendix 03

자주 묻는 질문 10가지와 해결방안

여러분들이 포토샵을 작업할 때 자주 묻는 질문 10가지에 대한 해결방안을 소개합니다. 이런 몇 가지 질문에 대한 해결책을 알고 있으면 포토샵 작업 실력이 향상되고, 작업 속도를 높일 수 있습니다. 아래 방법으로 해결되지 않는 어려움이 있다면 어도비 사용자들의 소통 공간에 질문을 올려 보세요. (어도비 공식 커뮤니티: https://adobe.com/go/krcommunity)

Problem 도구 패널 단축키가 안돼요.

Solution 키보드 한/영 의 설정이 영문으로 되어 있는지 확인해 주세요. 한글로 되어 있을 경우 도구 패널 단축키 적용이 안될 수 있습니다.

Problem 패널이 안 보여요.

Solution 패널 그룹 탭 영역의 빈 곳을 더블 클릭하면 숨겨진 영역을 볼 수 있습니다. 다시 더블 클릭하면 패널에서 탭을 제외한 영역이 숨겨집니다.

색상	색상 견본	그레이디언트	패턴	≡
속성	조정	라이브러리		≡
레이어	채널	패스		≡

Problem 이미지를 저장할 때 웹용으로 저장하기와 내보내기 형식 중 어떤 것을 사용해야 하나요?

Solution 단일 이미지의 경우 두 가지 저장 방법 모두 사용 가능합니다. 웹용으로 저장하기는 이미지의 품질을 조절하여 웹 서버에 낮은 용량으로 업로드할 수 있습니다. 내보내기 형식은 아트보드로 작업한 파일일 경우 여러 개의 캔버스를 선택하여 동시에 저장할 수 있으며 원하는 레이어만 부분적으로 저장할 때 최적화된 기능입니다.

Problem 자유 변형할 때 Shift 기능이 반대에요.

Solution 이미지를 편집할 때 Shift 를 눌러 반비례로 조절 가능하지만 연결 아이콘(⑧)의 설정에 따라 Shift 기능이 반비례 또는 정비례로 적용됩니다. 기본 설정은 [환경 설정] 〉 [일반]에서 [레거시 자유 변형 사용] 항목을 체크하여 변경할 수 있습니다.

🏠 ⁝⁝⁝ ∨ ☐ ⁙⁙ X: 227.00 픽셀 △ Y: 184.50 픽셀 W: 117.00% ⇔ H: 117.00%

Problem 브러시 사이즈 포인터가 안 보여요.

Solution 브러시 사이즈를 나타내는 원형 모양의 포인터가 보이지 않으면 `CapsLock`이 켜져 있는지 확인해 보세요. `CapsLock`이 켜져 있을 경우 포인터가 보이지 않습니다.

Problem 작업 영역에서 클릭한 레이어가 선택되지 않아요.

Solution 옵션 패널의 [자동 선택]의 체크가 해제되어 있으면 레이어 패널에서 원하는 레이어를 선택하여 이동합니다. 작업 영역에서 클릭한 레이어를 선택하고 싶다면 `Ctrl`을 누른 채 이동하거나 [자동 선택]에 체크해 주세요.

Problem 사각형 도구로 그렸는데 빈 도형이 그려져요.

Solution 옵션 패널에서 [모양]으로 선택되어 있는지 확인해 주세요. [패스]로 선택되어 있을 경우 영역이 채워지지 않은 패스로만 도형이 그려집니다.

Problem 가이드라인이 보이지 않아요.

Solution `Ctrl` + `;`을 눌러 가이드라인을 보이게 할 수 있습니다. 가이드라인을 숨길 때도 `Ctrl` + `;`를 누릅니다.

Problem GIF 미리보기 화면이 매끄럽지 않아요.

Solution 제작한 GIF 파일의 용량이 클 경우 미리보기 화면에서 떨리는 듯이 보일 수 있습니다. 실제 저장 후에는 대부분 정상적으로 보입니다.

Problem 문자 단위가 달라요.

Solution 교재에서는 문자 단위를 픽셀(px)로 진행하였습니다. 단위가 포인트(pt)로 설정되어 있을 수 있습니다. [환경 설정] 〉[단위와 눈금자]에서 문자의 단위를 설정할 수 있습니다.

포토샵으로 뚝딱 만드는 SNS 마케팅 디자인

초 판 발 행	2023년 06월 22일
발 행 인	박영일
책 임 편 집	이해욱
저 자	이은정
편 집 진 행	박경림, 정민아
표 지 디 자 인	김도연
편 집 디 자 인	신해니, 이경숙
발 행 처	시대인
공 급 처	(주)시대고시기획
출 판 등 록	제 10-1521호
주 소	서울시 마포구 큰우물로 75 [도화동 538 성지 B/D] 6F
전 화	1600-3600
홈 페 이 지	www.sdedu.co.kr

I S B N	979-11-383-5240-6 (13000)
정 가	20,000원

시대인은 종합교육그룹 (주)시대고시기획 · 시대교육의 단행본 브랜드입니다.